零基础做抖音

直播短视频图文带货快速变现实操指南

王阳 编

北方妇女儿童出版社
·长春·

图书在版编目（CIP）数据

零基础做抖音 ：直播短视频图文带货快速变现实操指南 / 王阳编. -- 长春 ：北方妇女儿童出版社，2025. 7. -- ISBN 978-7-5585-9460-1

Ⅰ. F713.365.2-62

中国国家版本馆 CIP 数据核字第 20256BC398 号

零基础做抖音　直播短视频图文带货快速变现实操指南

LING JICHU ZUO DOUYIN　ZHIBO DUAN SHIPIN TUWEN DAI HUO KUAISU BIANXIAN SHI CAO ZHINAN

出 版 人	师晓晖
责任编辑	王桂梅
排版制作	文贤阁
开　　本	710mm × 1000mm　1/16
印　　张	15
字　　数	172 千字
版　　次	2025 年 7 月第 1 版
印　　次	2025 年 7 月第 1 次印刷
印　　刷	三河市南阳印刷有限公司
出　　版	北方妇女儿童出版社
发　　行	北方妇女儿童出版社
地　　址	长春市福祉大路 5788 号
电　　话	总编办：0431-81629600

定　　价　59.80 元

前言

百万点赞 千万粉丝 上亿流量

在短视频浪潮席卷全球的今天，抖音已不再是一个简单的娱乐平台，而是一个充满机遇的内容创业舞台。每天，无数普通人在这里用镜头记录生活、分享热爱、展示才华，甚至改写人生轨迹。然而，面对复杂的算法规则、瞬息万变的流量趋势和激烈的竞争环境，许多人满怀热情入场，却因不知如何高效运营、无法突破创作瓶颈而黯然离场。帮助这些零基础新手做抖音，正是我们制作本书的初衷。

本书是为普通人量身打造的行动指南。我们深知，许多人的抖音之路始于“零经验”：不懂如何设置高权重账号、不会拍摄吸睛视频、不清楚直播流程设计，更难以摸透流量变现的逻辑。为此，本书摒弃晦涩的理论堆砌，以“即学即用”为核心，将抖音运营拆解为清晰可执行的六大模块。从账号搭建的基础操作到短视频创作的黄金公式，从直播间人货场设计到高转化话术模板，再到平台最新功能的深度解读与合规避坑指南，每个环节均配有真实案例拆解与分步教程。即使是毫无经验的新手，也能通过 27 个章节的系统学习，快速掌握从内容生产到商业变现的全链路能力。

本书的独特价值在于“实战视角”：我们不仅教你了解抖音的功能，更会揭示每个动作背后的算法逻辑；不仅提供爆款内容的创作方法，还会剖析流量波动中的应对策略；不仅讲解如何赚取第一桶金，更强调如何在平台规则下实现可持续经营。无论你是渴望副业增收的上班族、希望打开线上销路的实体店主，还是追求个人 IP 孵化的创作者，都能在这套知识体系中找到适配的成长路径。

当下，抖音的流量生态依然充满红利，但窗口期不会永远敞开。翻开这本书，便是迈出了抓住机遇的第一步。愿每一位读者都能在这里找到属于自己的镜头语言，在短视频时代留下独特的创作印记，让热爱真正转化为价值。

踏入抖音带货圈，开启财富大门

CONTENTS 目录

第一篇 搭建抖音账号，开启创富之门

第一章 账号速成指南

第二章 解密抖音算法

第三章 抖音号进阶必读

第五章 短视频起号必读

第三篇 直播带货全流程：从首播到日销百万

第一章 首播前的准备工作

第四篇 成交话术攻心计：高转化沟通模板库

第五篇 流量变现与全域攻略

第一章 挂小黄车躺赚攻略

第二章 粉丝群实操

第三章 图文带货

第四章 私域导流

第五章 抖音小店

第六章 效率工具：AI 助力内容生产

第六篇 避免违规指南：合规赚钱不翻车

第一章 违规行为避雷

第二章 抖音违规后如何处理

第一篇

搭建抖音账号，开启创富之门

踏入抖音带货圈，开启财富大门

第一章

账号速成指南

如何注册自带“钞能力”的账号

怎样填写新账号资料

怎么进行实名认证

新人必看：7天阶梯养号法

避开熟人推荐：隐私设置防限流

如何注册自带“钞能力”的账号

在安卓手机的软件商店或苹果手机的 App Store 搜索“抖音”，进行下载、安装和注册。

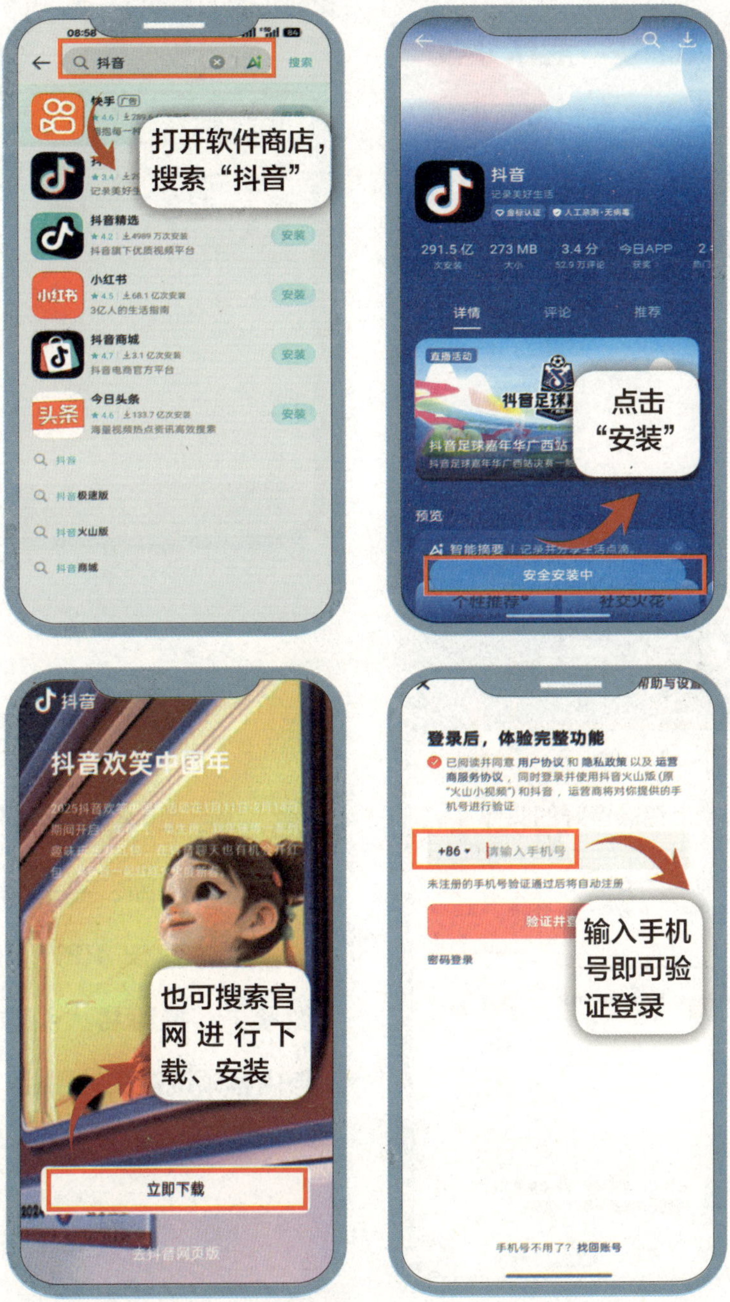

怎样填写新账号资料

第一步　起账号名

突出账号定位，例如“美食小美”或“健身达人小王”，需简短易记。

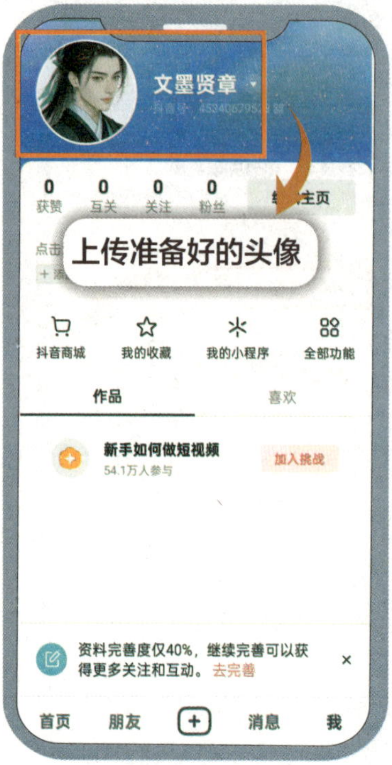

第二步　上传头像

使用清晰、高分辨率的图片（建议400×400像素），推荐真人头像或与内容领域相关的图片。

第三步　更换主页背景

主页背景可以用来展示产品、主题人设、活动通知等。

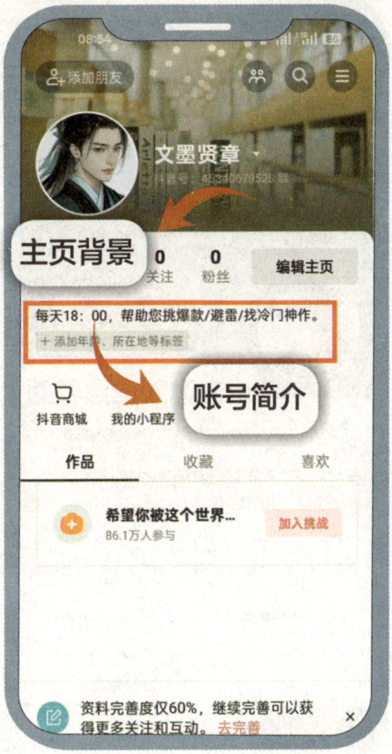

第四步　账号简介

简短说明账号定位（如“分享每日健身技巧”），可加入个人风格或感谢语。

为避免违规，填写新账号资料时要注意：

1. 不要写上自己的电话号码等联系方式。
2. 不要出现微信等第三方平台的引流信息。
3. 不要出现 Logo、广告语、产品信息等。
4. 不要包含“涨粉”类字样。

怎么进行实名认证

添加朋友
文墨贤章
点击进入设置界面
3 获赞
1 互关
关注
粉丝
编辑主页
每天18：00，帮助您挑爆款/避雷/找冷门神作。
+ 添加年龄、所在地等标签
抖音商城
我的收藏
我的钱包
我的小程序
全部功能
tiktok创业
5.3万人参与
加入挑战
作品
喜欢

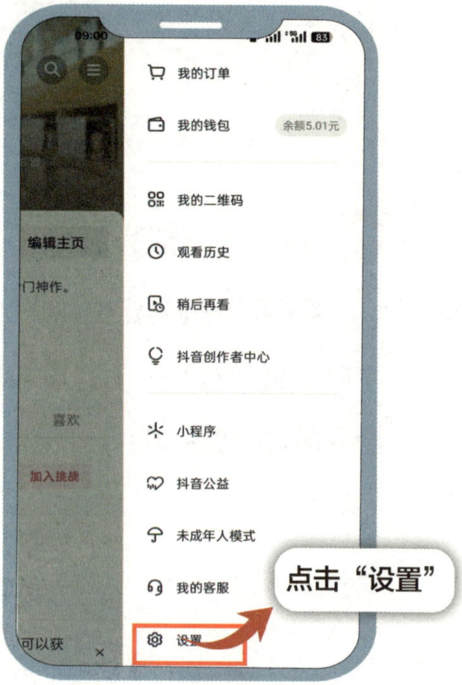
09:00
我的订单
我的钱包
余额5.01元
我的二维码
观看历史
稍后再看
抖音创作者中心
小程序
抖音公益
未成年人模式
我的客服
设置
点击“设置”
编辑主页
门神作。
喜欢
加入挑战
可以获

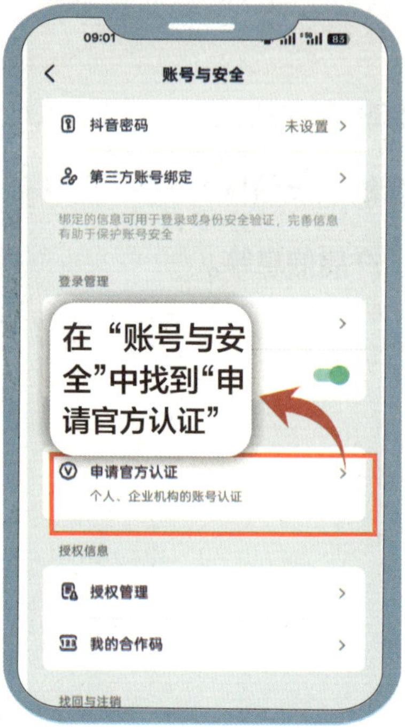
09:01
账号与安全
抖音密码
未设置
第三方账号绑定
绑定的信息可用于登录或身份安全验证，完善信息有助于保护账号安全
登录管理
在“账号与安全”中找到“申请官方认证”
申请官方认证
个人、企业机构的账号认证
授权信息
授权管理
我的合作码
找回与注销

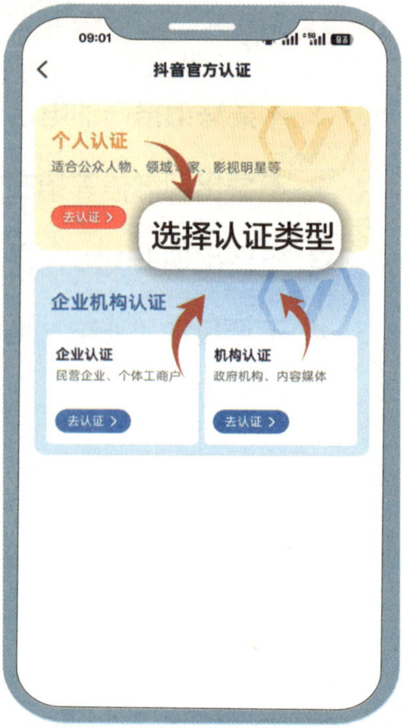
09:01
抖音官方认证
个人认证
适合公众人物、领域专家、影视明星等
去认证
选择认证类型
企业机构认证
企业认证
民营企业、个体工商户
去认证
机构认证
政府机构、内容媒体
去认证

新人必看：7 天阶梯养号法

第一天

一、关闭 Wi-Fi，使用手机流量注册抖音账号，不要使用微信等第三方账号直接登录，也不要一个手机登录多个抖音号。

二、至少用半小时观看首页推荐视频与同城视频，保证完播率。

三、关注 3 个百万粉账号，评论几个比较火的视频，要精心构思，争取神评，但不要进行刷点赞等违规操作。

四、不能频繁修改账号信息，也不建议大量点赞、评论和关注。

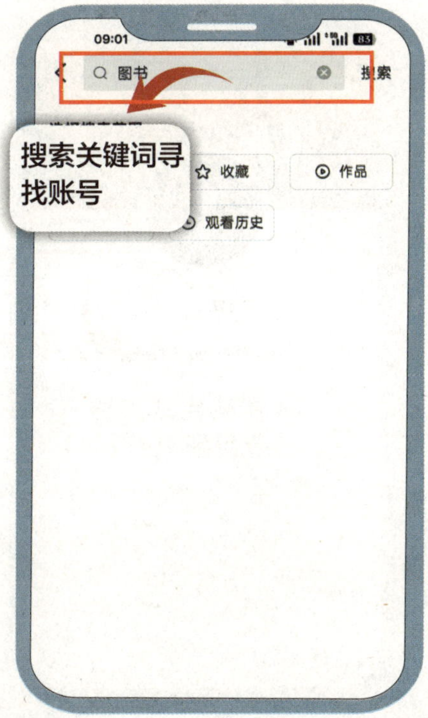

第二天

一、定位好自己的账号后，在左上角搜索框输入关键词，找到同类账号，关注 10 个以上同类账号。

二、观看同行的视频内容，保证完播率，进行点赞、关注、转发等操作流程。

三、刷到喜欢的直播，进去看 30 分钟左右，积极点赞、评论，不要在评论区留任何敏感内容。

第三天

一、重复点赞、评论、转发、看直播等步骤，保持账号正常活跃。

二、使用习惯要符合正常用户的逻辑，平台就会给予较高的权重。

第四天

一、完善“资料五件套”：头像、账号名、抖音号、背景图、账号简介，资料要完善到 100%。

二、明确账号垂直定位后，可以尝试发布一个作品了。

三、继续进直播间，点亮灯牌、点赞、评论、浏览小黄车、停留 30 分钟。

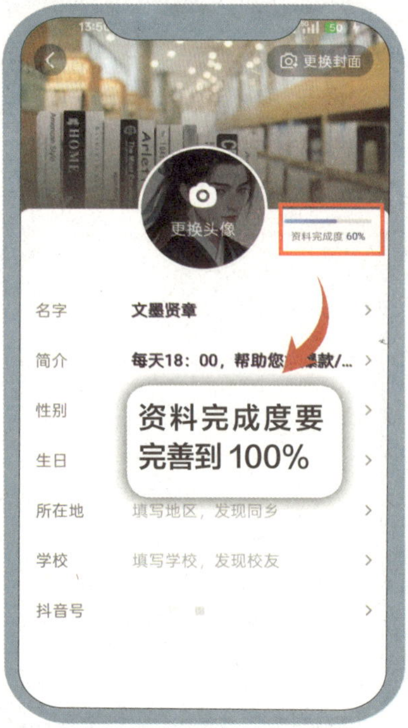

第五天、第六天

一、发作品。

二、重复在直播间保持活跃度。

第七天

一、发作品。

二、写好直播大纲、测试网络，准备好声卡、道具等，进行试播。

避开熟人推荐：隐私设置防限流

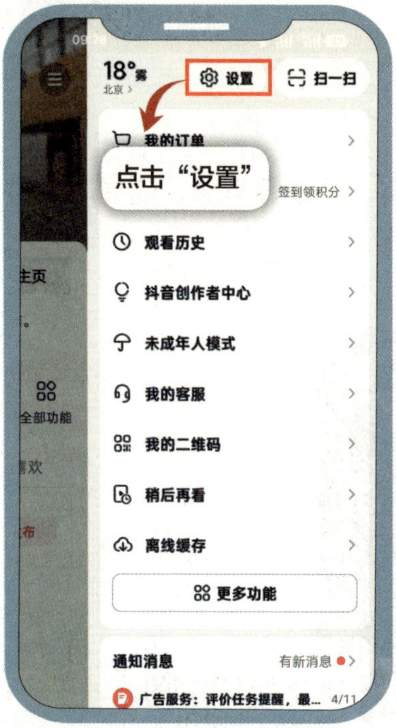

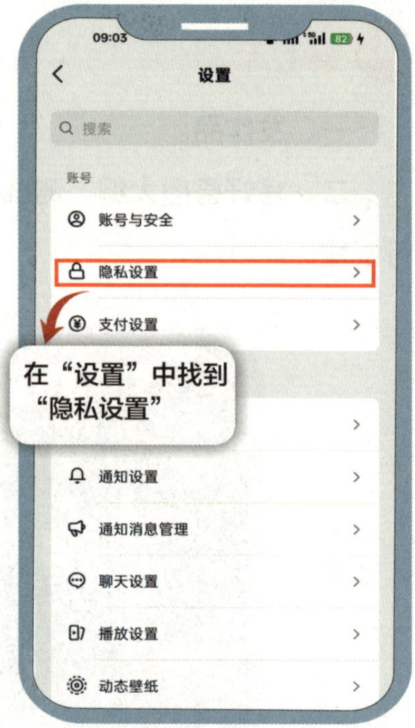

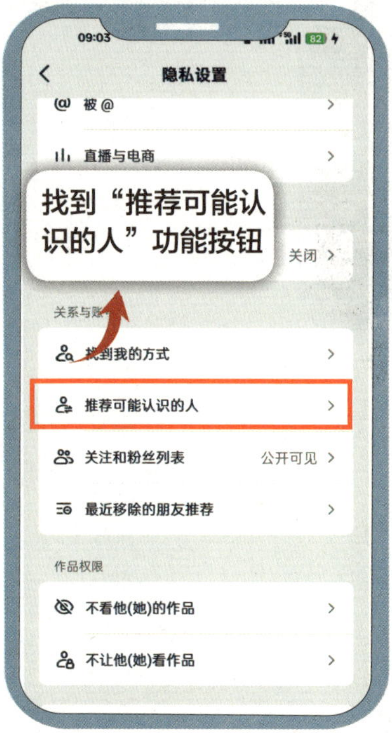

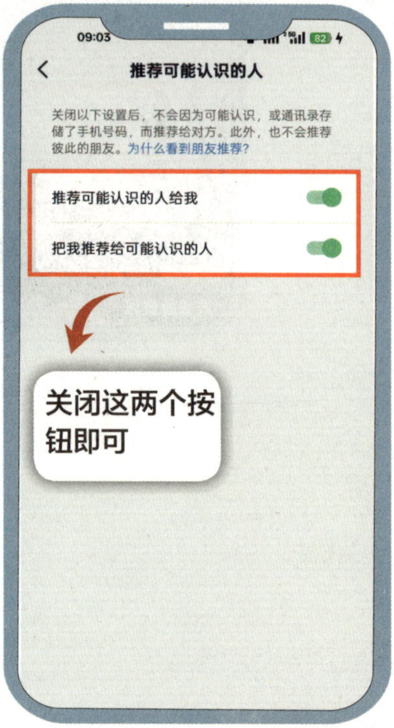

第二章

解密抖音算法

抖音算法是什么，为什么要了解它

内容推荐机制：抖音如何推送你的作品

账号权重提升秘籍：从 0 到 1 的流量密码

如何通过数据分析优化算法曝光

抖音推流机制图

抖音算法是什么，为什么要了解它

抖音为什么火？核心就是它的算法。对于普通网友而言，算法能帮助你找到喜欢的视频；对于打算运营抖音的人而言，算法能帮助你的视频被更多人看到。

抖音算法是一个去中心化的算法。简单来说，只要发布了一个作品，无论质量好坏，总会有一定的播放量，从几十到几千都有。这对于自媒体新手来说，无疑是非常友好的。

作为新手，想要和大号进行公平竞争，就必须了解算法，提高互动。

内容推荐机制：抖音如何推送你的作品

你发布视频后，抖音算法会进行机器识别，找到视频中的关键词，再结合关键词定向或不定向地将视频推荐给200~500 名网友。这些网友的点赞率、评论率、完播率、转发率、关注率等数据就是这条视频的流量池表现。

如果表现好，算法会将这条视频推荐到更大的流量池中，这时可能会有上千人乃至数千人观看。如果数据依然很好，就会一级一级地向上传播，流量池也越来越大，更多人会看到这条视频。简单来说，你的视频已经火了。

账号权重提升秘籍：从 0 到 1 的流量密码

一、前文已经强调，账号基础信息的完善很重要，资料完善度必须 100%，且争取让你的账号更吸引人。

二、官方认证影响着权重，必须实名验证，并获取官方认证。

三、违规行为对权重伤害极大，一定要避免露出广告、使用敏感词、刷数据等违规行为。

四、积极利用抖音算法，对自己的作品进行数据分析，优化曝光度。

如何通过数据分析优化算法曝光

一、与抖音算法密切相关的数据，就是你作品的点赞率、评论率、关注率、转发率、完播率这 5 个核心要素。视频发出之后，要发动所有资源去提升这 5 个要素。

二、不管运营多久的账号，都要保持日常刷抖音、保持互动数据，并保证更新频率，让官方将其认定为持续正常运营的账号。

三、每天发布的内容要与账号定位相关，并要保持原创度，点赞评论的视频也要有垂直度，增强你的用户标签。

四、在自己的视频下多回复评论，多转发互动，与粉丝更亲近。

抖音推流机制图

一、抖音短视频算法倒三角流量池

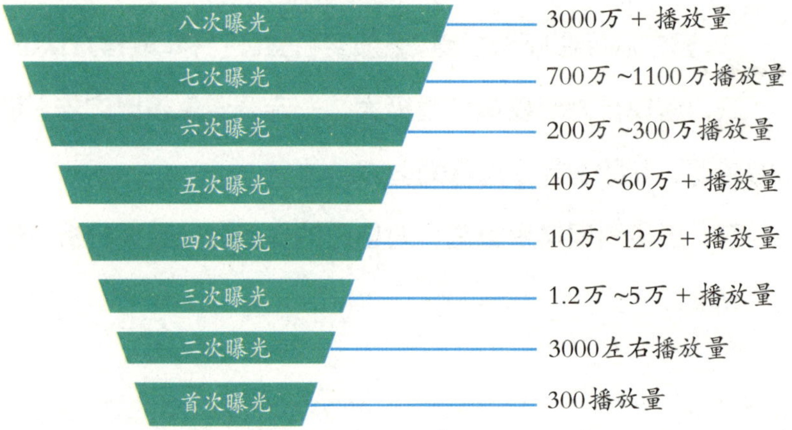

二、抖音直播间流量池等级

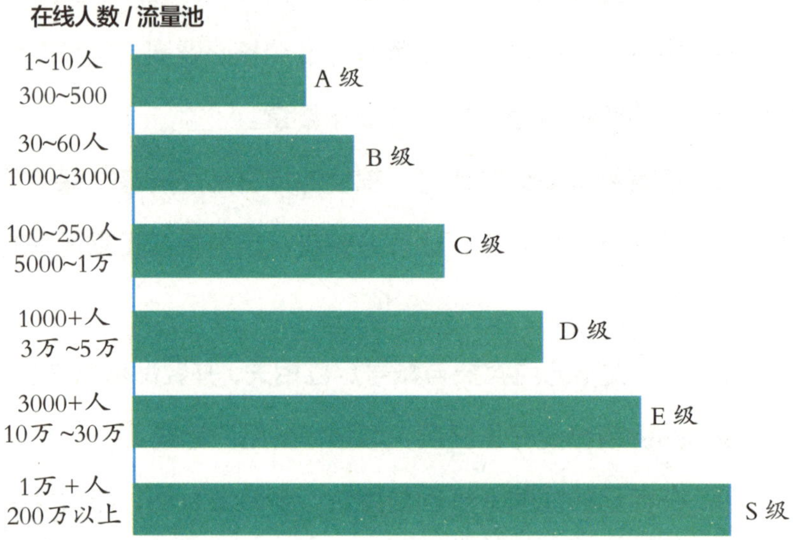

三、做抖音的八大关键要素

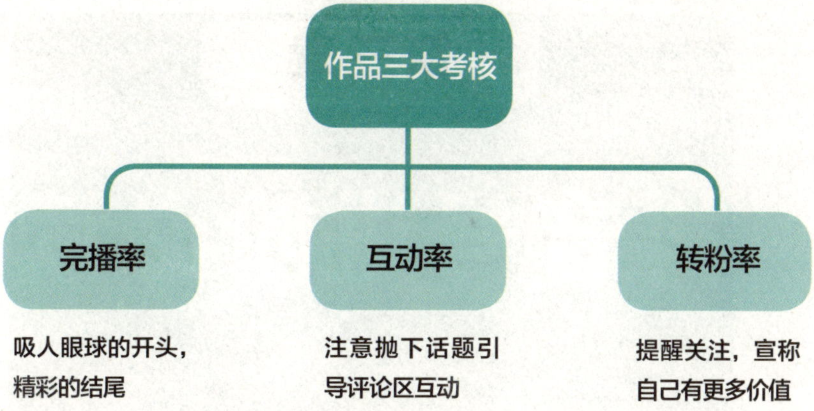

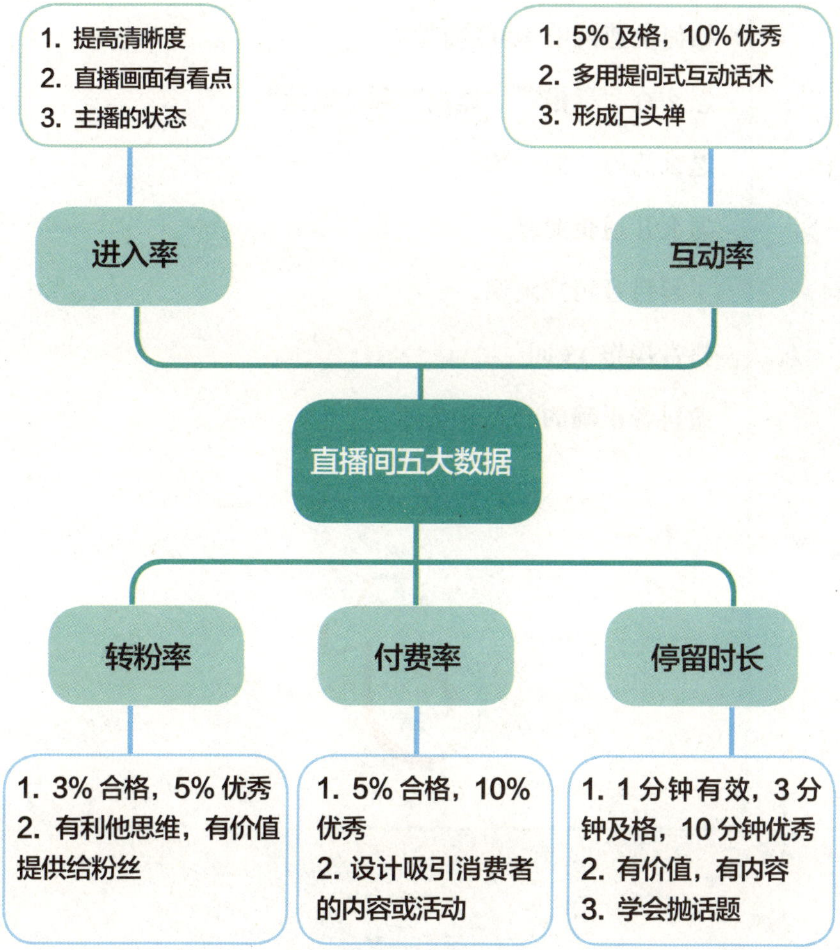

第三章

抖音号进阶必读

如何快速涨够 1000 粉丝

怎么查“举报”“违规”和“限流”

怎么清理“僵尸粉”

怎么开通企业号

了解抖音用户画像

抖音操作 15 问

做抖音正确的心态和认知

如何快速涨够 1000 粉丝

一、拍出爆款视频。可以参考抖音的“低粉爆款视频榜”，其中都是 10000 粉丝以下的账号拍摄的爆款视频，可以模仿其框架进行拍摄。

二、找到“10 万 +”点赞的视频，利用合拍功能进行模仿，但注意不要照搬，而是要加入自己的观点。

三、在热门短视频下发表神评，为自己引流。

四、去对标直播间评论区活跃互动，通过给主播送花花草草增加自己的曝光度。如果能在直播间占到榜前十，也容易涨粉。

怎么查“举报”“违规”和“限流”

打开抖音，搜索“抖音灵机”或“抖音直播数据”，可以在“抖音直播数据平台”查询“举报”“违规”等数据。

开播前打开此平台，可以实时了解直播间被限流的情况，及时发现限流的开始与结束情况，随时调整直播间内容。直播后还可以进行复盘。

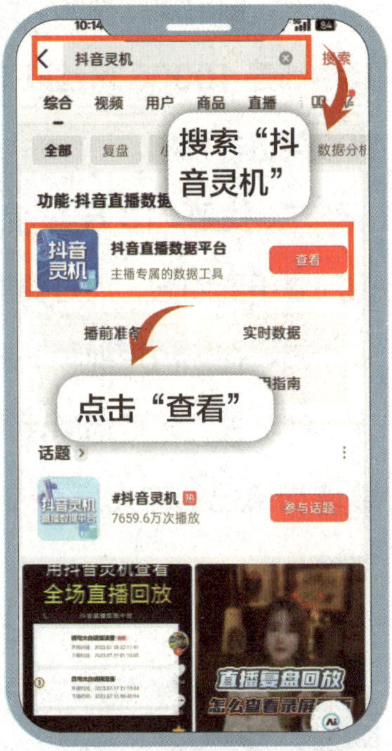

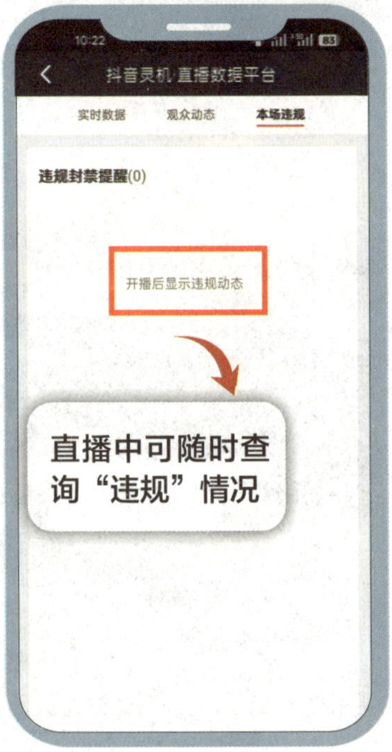

怎么清理“僵尸粉”

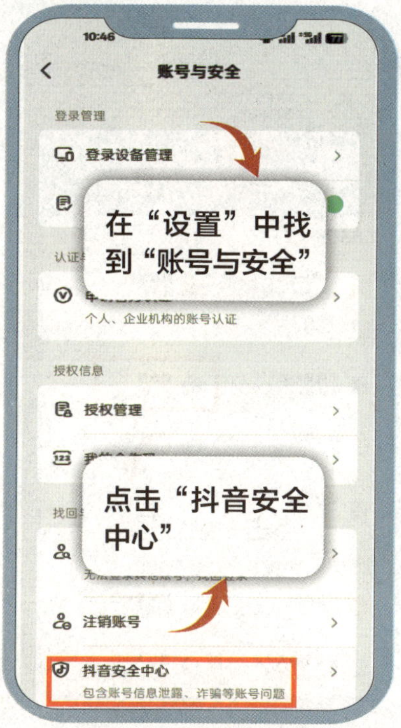
账号与安全
登录管理
登录设备管理
在“设置”中找到“账号与安全”
个人、企业机构的账号认证
授权信息
授权管理
点击“抖音安全中心”
注销账号
抖音安全中心
包含账号信息泄露、诈骗等账号问题

安全中心
暂未发现异常 >
反诈中心
锁定保护
账号评分
更多功能
安全小知识
查看更多 >
点击“更多功能”
帐号被盗如何找回
常见问题
查看更多 >
新购买的手机号登录后却发现已经被注册了一个账号怎么办？

自助功能
账号信息管理
操作记录
设备管理
授权管理
账号安全防护
锁定保护
解除锁定
注销账号
账号健康度提升
自助清粉
平台清粉清赞
选择“自助清粉”

清理虚假粉丝
虚假粉丝 0
虚假粉丝：已被平台封禁的违规帐号
了解更多自助清粉问题 >
一键清理
点击“一键清理”即可

怎么开通企业号

11:10
文墨贤章
账号正常
学习中心
查看热门课程助力创作
规则中心
了解最新平台导向
全部作品
更多 >
7日播放量
7日净增粉丝
7日收入(元)
官方活动
更多活动 >
早春潮搭大赏
征集你的春季穿搭好物
综合
全部
创作灵感
账号检测
数据中心
创作助手
上热门
为你推荐
抖音创作趋势 03月18日更新
洞悉内容趋势，激发创作灵感 >
进入“抖音创作者中心”，点击“全部”

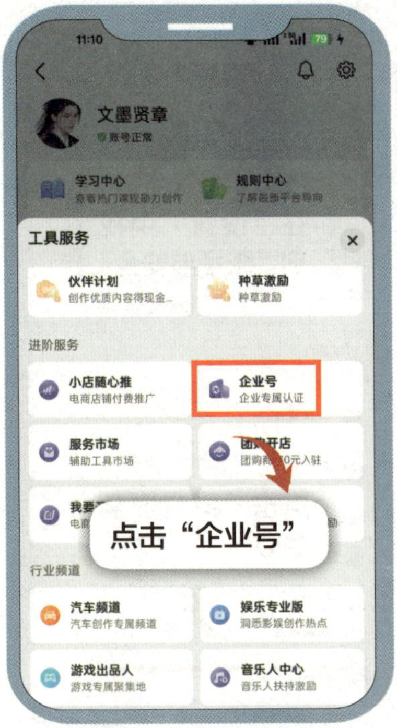

11:10
文墨贤章
账号正常
学习中心
规则中心
工具服务
伙伴计划
创作优质内容得现金...
种草激励
种草激励
进阶服务
小店随心推
电商店铺付费推广
企业号
企业专属认证
服务市场
辅助工具市场
团购开店
行业频道
汽车频道
汽车创作专属频道
娱乐专业版
洞悉影娱创作热点
游戏出品人
游戏专属聚集地
音乐人中心
音乐人扶持激励
点击“企业号”

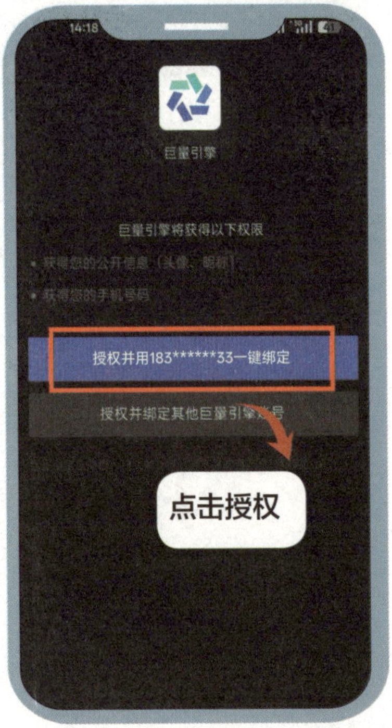

14:18
巨量引擎
巨量引擎将获得以下权限
授权并用183******33一键绑定
授权并绑定其他巨量引擎账号
点击授权

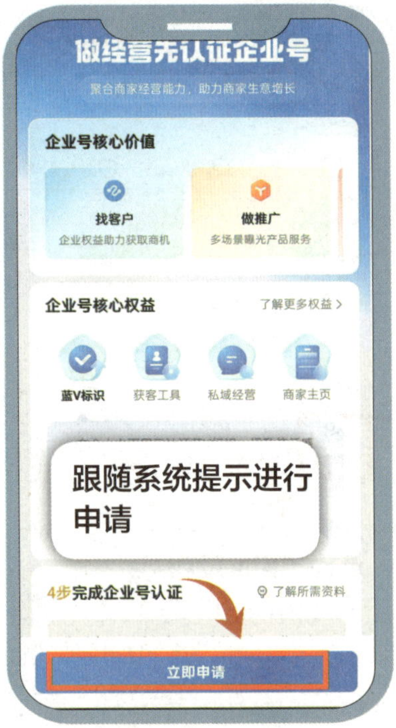

做经营先认证企业号
聚合商家经营能力，助力商家生意增长
企业号核心价值
找客户
企业权益助力获取商机
做推广
多场景曝光产品服务
企业号核心权益
了解更多权益 >
蓝V标识
获客工具
私域经营
商家主页
跟随系统提示进行申请
4步完成企业号认证
了解所需资料
立即申请

注意：一旦认证为企业号，就不能再变更为个人号了，若不使用了，只能选择注销此账号。

了解抖音用户画像

了解抖音用户主要有以下四个维度：

一、性别

抖音的活跃用户超过 5 亿人，男女比例基本持平，但女性用户略多于男性用户。女性偏爱美妆、母婴、整理收纳技巧、美食指南等内容，男性则更关注军事、汽车、运动、游戏等内容。

二、年龄

年龄也是需要关注的关键指标之一。虽然 35 岁以下人群占据抖音用户的大多数，但 35 岁以上用户的比例正呈现不断上升的趋势。我们在做内容时，为了获得流量，迎合主要用户群体的喜好无可厚非，但制作一些迎合其他年龄层喜好的内容也是很有“钱途”的。

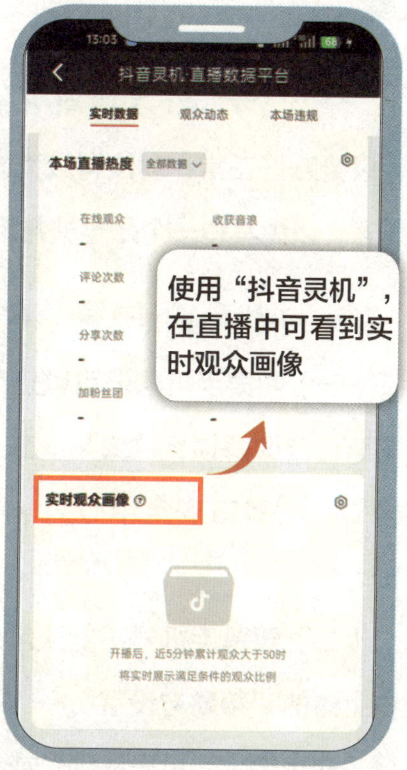

三、城市

在抖音用户中，生活在一线城市和二线城市中的用户比例超过50%，这说明他们的收入和消费水平是相对较高的。变现时，就可以根据用户的居住地来合理定价。

四、学历

大学专科以上学历的用户在抖音用户中占有一定比例，他们通常符合用户画像中“三高”的情况：高学历、高消费和高收入。变现时可以根据粉丝画像中“三高”用户的比例有针对性地准备策略。

抖音操作 15 问

一、一个设备（手机或电脑）登录多个账号会有影响吗？

只要账号正常，就没有较大影响。但进行推广时不建议登录两个账号，以免其中一个账号被判定违规时牵连另一个账号。

二、手机号登录失败，账号被锁定了怎么办？

（一）如果手机号还可以正常使用，那就打开抖音平台，通过以下路径自助解锁：“我”→右上角“≡”→“设置”→“账号与安全”→“抖音安全中心”→“锁定保护”进行操作，来自助解锁。

（二）要是手机号不能正常使用了，那就在登录抖音页面，通过右上角的“帮助与设置”→“解除锁定”→“解除锁定保护”，选择“使用绑定手机号解锁”或“使用抖音号解锁”，然后按照页面提示进行操作可自助解锁。

三、如何解绑手机号？

目前，平台只支持手机号换绑，但是请先将抖音升级至最新版后再进行以下操作：

（一）如果手机号可以正常使用，可以打开抖音 App，按照“我”→右上角“≡”→“设置”→“账号与安全”的路径，找到并点击手机号，便可以更换已经绑定的手机号码。

（二）如果手机号已经不能正常使用了，可按照以下步骤进行操作：在抖音登录页面，点击“帮助与设置”→“手机号不用了，无法登录或换绑”，然后按照界面提示进行换绑操作。如果忘记了原手机号，那就在该页面点击“找回账号”，提交验证材料找回。

四、一个手机号可以注册多个抖音号吗？

目前在抖音平台上，一个手机号只能注册或绑定一个抖音号。

五、如何进行实名认证？

在抖音 App 上按“我”→右上角“≡”→“设置”→“账号与安全”→“实名认证”路径进行操作，按页面提示来完成认证。

六、为什么实名认证失败？

具体原因以收到的官方消息提示为准。如果提示身份证照片模糊或填写信息和身份证不匹配等，可重新填写申请。如果是未成年、视频内容不符合抖音风格、账号有违规记录等原因导致的，请对相关问题进行整改后再申请。

七、提示“此账号已存在绑定”的原因是什么？

目前抖音平台仅支持一个微信、QQ、微博、今日头条、西瓜视频号绑定一个抖音号，如果提示“此账号已存在绑定”，表示输入的这个微信、QQ、微博、今日头条、西瓜视频号已绑定过其他抖音号，建议更换其他号来绑定。

八、为什么无法上传视频?

先在抖音 App 内清理缓存，然后关机重启，如仍无法上传，可进行以下步骤：

（一）请确认分辨率是否小于 1080P，部分机型可能支持 4k 分辨率。

（二）请确认导入的视频或图片的路径与您当前所在的相册是否一致。

温馨提示：目前安卓手机仅支持导入 MP4 格式的视频，苹果手机支持导入 MP4 和 MOV 格式的视频。

九、如何设置视频下载权限?

（一）手机端：点击视频右下方的三个圆点，找到“权限设置”或长按需要设置的视频，选择“权限设置”进行操作。

（二）电脑端：登录抖音创作者中心，点击“内容管理”→“作品管理”，然后选择视频进行操作。

十、为什么下载视频按钮为灰色?

这表明此视频暂时不支持下载，这是平台对优质作品进行保护，防止被窃取搬运的一种措施，对这个视频的正常传播不会造成影响。如果想将它分享给别人，复制链接转发即可。

十一、如何修改昵称 / 简介 / 头像 / 背景图 / 抖音号？

在个人主页，点击自己的名字（昵称），即可对个人相关资料进行修改。

十二、为什么修改不了头像/昵称/简介等用户个人资料？

如果修改不了资料，并收到“修改资料不可用”的提示，则表明修改的内容含有低俗 / 不文明 / 广告等违禁词等，无法通过，建议更换内容。

十三、提示资料修改次数已达上限是什么意思？

安心等待限制时间到期后，再重新提交修改。修改资料限制次数如下：

（一）头像每日可修改 5 次。

（二）昵称每 30 天可修改 4 次（修改失败不计）。

（三）简介每日可修改 5 次。

（四）背景图每日可修改 5 次（修改不成功也计算在内）。

（五）认证信息每 60 天可修改 1 次（修改失败不计）。

十四、如何删除已经下载的动态壁纸？

（一）安卓手机：在“我”→右上角“≡”→“设置”→“动态壁纸”中选择需要删除的动态壁纸，点击右上角的“···”进行删除。

（二）电脑端：登录抖音创作者服务平台直接删除。

十五、为什么部分视频无法设置“动态壁纸”？

可能是这个视频不支持动态壁纸生成，可更换其他视频尝试一下。

做抖音的正确心态和认知

做抖音的八个正确心态：

一、热爱这个行业：只有热爱这个行业才能坚持下去。

二、坚持学习：放低姿态，向身边的同行学习，少走弯路。

三、开放包容：接受新鲜的事物，始终保持与时俱进。

四、谦虚谨慎：谦虚是美德，而谨慎是对他人和自己负责。

五、积极乐观：困难和挫折都是暂时的，要相信自己。

六、树立正确的目标：把自我突破、帮助他人获益当成目标。

七、永不言败：要永不言败，敢于从头再来。

八、持之以恒：做任何事情都要有这种心态，才能实现梦想。

关于抖音的六个认知：

一、做口播要天天更新：做口播的终极策略就是以量取胜，所以每天需更新 1~3 条。

二、无脑的坚持没有意义：如果连续发了 10 个作品，但是没有一个播放量超过 1 万的话，请一定要及时调整策略。

三、涨粉爆发力强的是主题 IP：想要涨粉快，就围绕一个主题做。

四、关注赞粉比：如果赞粉比在 5：1 以内，说明你的账号搭建做得不错。

五、视频一定要有槽点：什么是槽点？一个教做菜的视频，说要放 88 粒盐或者 53 滴油的话，评论区就会出现关于油、盐的话题，互动率自然也就起来了。

六、数据差不代表没价值：如果作品数据差就及时调整，可以换场景、换道具、换风格。

第四章

活用 DeepSeek，做抖音更轻松

我应该怎么使用 DeepSeek

如何用 DeepSeek 做账号规划

DeepSeek 做书单账号轻松获得十万粉丝

AI 智能诊断：你的账号能打多少分

我应该怎么使用 DeepSeek

DeepSeek 火爆全球，会用的人说非常好用，不会用的却觉得对自己没有什么帮助，差距就在于提问方式。教你用一个公式，让 DeepSeek 变身为你的超级助理。

四步提问法公式拆解：

一、身份：你是谁？（学生 / 职员 / 抖音大 V/ 宝妈……）

二、任务：你想要解决什么问题？（写作文 / 做年度工作计划 / 做账号规划 / 提供育儿指导……）

三、细节：限制条件是什么？（时间 / 应用场景 / 有什么禁忌 / 筛选条件……）

四、格式：要什么形式的结果？（图形 / 表格 / 大纲……）

示范：

一、在校学生的错误提问："帮我修改这篇论文。"得到的结果是"建议多查查文献"之类毫无针对性的内容。

优化后的提问："我是自动化专业研究生，需要优化论文的文献综述部分，重点放在近三年柔性机器人传感器的技术突破方面，请用学术语言重写论文，并标注参考文献。"

二、职场人的错误提问："分析新能源汽车市场行情。"得到的结果是泛泛而谈的行业报告。

优化后的提问："我是汽车行业的市场专员，请对比 2024 年全年比亚迪和特斯拉的社交媒体声量，并分析用户对降价的情绪倾向，用图表的形式呈现。"

如何用 DeepSeek 做账号规划

一、补充基础信息：提问前建议说明

当前账号状态：新号 / 已有 XXX 粉丝（附账号链接更佳）

内容领域：美妆 / 美食 / 知识 / 剧情 / 宠物 / 其他

目标受众：年龄段 / 性别 / 地域 / 兴趣标签

核心需求：涨粉 / 变现 / 人设打造 / 内容升级 / 直播转型

示例提问："我是一名抖音的新人博主（0 粉丝），想做职场知识分享类内容，目标用户是 25~35 岁一线城市白领，想通过知识付费变现，请帮我规划账号的初期运营策略。"

二、可提问方向参考

【定位策略】

"如何找到美妆赛道的细分差异化定位？"

"针对三四线城市的宝妈群体，什么内容形式更容易涨粉？"

【内容规划】

"健身领域如何做 3 个月的内容排期表？"

"家居好物账号的前 10 个视频建议拍什么主题？"

【运营技巧】

"新账号的前 5 个视频发布时间和频率有什么建议？"

"适合宠物账号的投放策略是什么？"

【变现路径】

"万粉以下的知识博主有哪些变现方式？"

"穿搭账号如何高效对接星图广告？"

DeepSeek 做书单账号轻松获得十万粉丝

一、基础信息模板：可直接复制修改后提问

“我是抖音的新人博主（0 粉丝），计划做书单分享账号，目前有这些信息：

细分领域：______________________

（例：文学名著 / 个人成长 / 商业思维 / 心理学）

目标用户：______________________

（例：18~25 岁大学生 /30+ 职场妈妈 / 创业人群）

变现倾向：______________________

（例：带货佣金 / 知识付费 / 广告合作）

请帮我规划：

1. 差异化定位　2. 爆款内容模型　3. 冷启动期执行清单

二、关键提问方向

“针对 XX 人群，前 10 个视频拍什么主题容易起号？”

“书单类账号需要避免哪些雷区？”

“书单账号的直播话术有哪些特殊技巧？”

“怎么通过评论区运营提升账号权重？”

“星图广告对书单类账号的入驻要求是什么？”

三、高效沟通技巧

1. 附案例提问法

“我观察到这三个账号最近涨粉很快：@XXX @XXX @

XXX，他们的内容模式有什么可借鉴的部分？如何避免同质化？”

2. 数据化提问法

“我的第三个视频的播放量是 2.3 万，完播率 28%，互动率 6%，请问应该优化前三秒还是加强结尾引导？”

3. 对比式提问

“同样是历史书单号，@XXX 用影视混剪，@XXX 用真人出镜讲解，哪种模式更适合没有拍摄经验的新人？”

四、帮你开“外挂”的技巧

1.AI 会根据市场数据，告诉你哪类书读者最多，哪种推介风格大家最爱看。

2.AI 像安检员，会提前检查书单里有没有敏感词或侵权内容（避免被封号）。

3.AI 能把外语视频自动翻译成中文，介绍外文书籍更方便。

AI 智能诊断：你的账号能打多少分

AI 工具能够给文本创作提供极大的便利。如果运用得当，它能够让创作更加轻松、快捷。同时，AI 也能对账号进行智能诊断，帮助我们改进不足。

第一步

打开 DeepSeek。

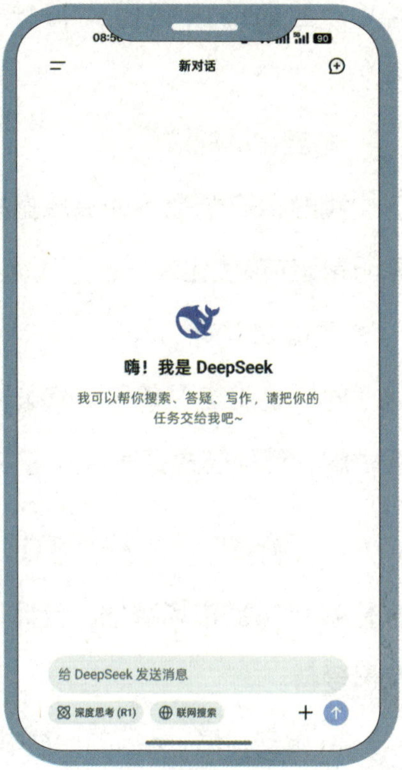

第二步

输入指令：“我是一名抖音运营，我接下来会给你发一个账号，你来做运营分析。”

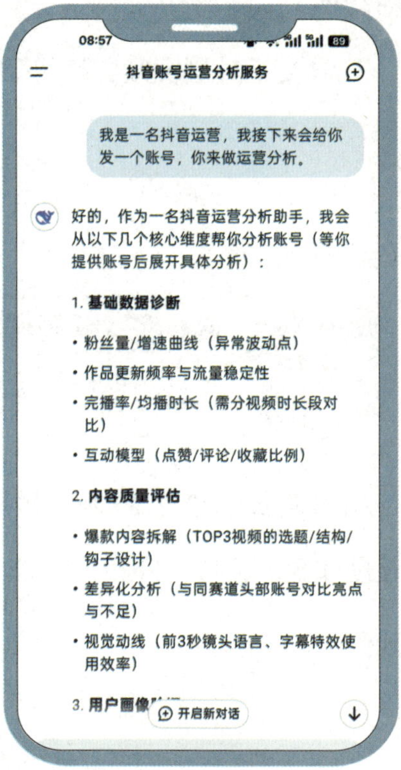

第三步

按照系统提示，输入相关内容即可。可以提供相关Excel文档、Word文件等，列出需要的相关数据。

第四步

提供完相关数据之后，输入“根据相关数据，为我的抖音账号打个分吧”。

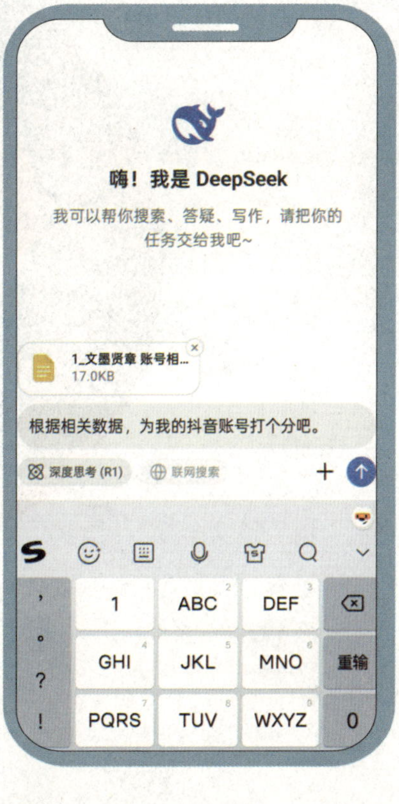

第二篇

短视频创富密码：流量变现全攻略

踏入抖音带货圈，开启财富大门

第一章

短视频拍摄实操

短视频拍摄和发布入门

怎么拍摄对口型的短视频

怎么将语音识别成文字，高效添加字幕

怎么把几张照片制作成短视频

怎么用 AI 一键生成图文转视频

短视频拍摄和发布入门

第一步　开始拍摄后，选好背景音乐

第二步　选择拍摄模式

抖音拍摄模式分为点击拍摄和长按拍摄。

第三步　保存和发布视频

拍摄完成后，点击“存草稿”可以把视频保存为草稿，还可以将多个视频进行拼接。觉得满意后，点击右下角的“下一步”就可以进入发布界面了。

在发布前，建议认真设置视频的标题、封面、隐私权限等。

此外，抖音还提供了一些现成的模板，并引入了AI工具，可以学习、使用，有助于提升拍摄、制作视频的技术水平。

怎么拍摄对口型的短视频

@梨香JZH创作...
翻转
闪光灯
设置
麦克风
倒计时
美颜
更多
点击“特效”
分段拍
照片
视频
特效
相册

视频
点击“更多”
收藏
视频背景
更多

09:02
小可爱
在搜索栏搜索“K歌”，选择喜欢的特效
k歌
取消
一起来K歌
梦幻K歌
电视K歌
K歌名媛
美女K歌
k歌舞台
新春k歌
k 歌
K歌
元宵节k歌
豪华K歌
K歌
K歌王
K歌

特效师
小十二
@黑地创作的原声
点击“选择音乐”
收藏
k歌
取消
连线K歌
K歌达人
K歌舞台
K歌大舞台
K歌王
明星K歌
K歌王
和姐妹K歌
K歌舞台
K歌之王
K歌王
话筒K歌

怎么将语音识别成文字，高效添加字幕

怎么把几张照片制作成短视频

怎么用 AI 一键生成图文转视频

第二章

短视频剪辑实操

短视频剪辑工具下载

短视频画面安排

短视频新增滤镜

怎么分割和删除视频

怎么添加音乐和音效

添加短视频字幕

短视频特效处理

短视频分辨率选择

怎么借助 AI 实现智能剪辑、一键成片

短视频剪辑工具下载

短视频的剪辑可以借助抖音官方的剪辑软件——剪映App来实现。剪映的剪辑功能比较强大，可以切割、剪切视频，调整播放速度，添加应用特效、转场效果。它还自带滤镜、美颜、文本、贴纸等功能帮助美化视频，并支持多种字体、语音转字幕等。

短视频画面安排

打开剪映 App，设置画面比例，也可以新增画中画。

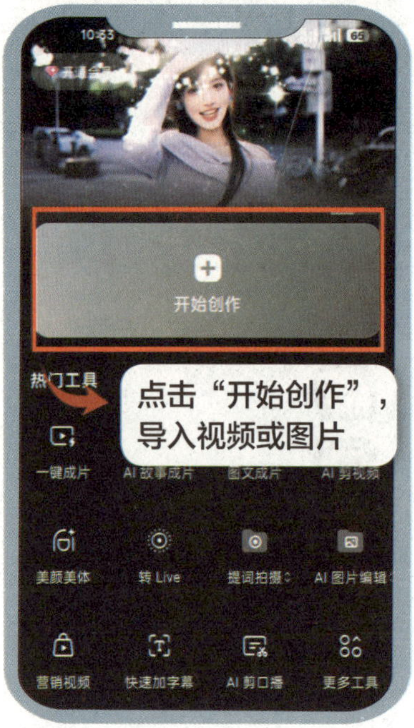

00:00 / 00:06
点击“新增画中画”
新增画中画

11:54
1080P
导出
拖动调节画中画的位置大小

短视频新增滤镜

00:00 / 00:06
在“滤镜”中选择“新增滤镜”
新增滤镜
新增调节

选择一个滤镜即可自动调色
00:00 / 00:06
滤镜
画质提升
收藏
我的
热门
旅行

怎么分割和删除视频

剪辑视频时，需要选择合适的素材、舍弃无用的素材，可以使用剪辑功能中的“分割”工具。

对于用不上的视频素材，则可以删除。

怎么添加音乐和音效

抖音是视频和音乐的结合体，精美的视频加上动听、合拍的背景音乐，能让短视频更容易火起来。前面已经介绍过拍摄时添加背景音乐的技巧，其实剪辑中也可以添加音乐和音效。

添加短视频字幕

剪辑时，可以在视频中添加文字，也可以识别背景音乐的歌词，为视频添加字幕。

短视频特效处理

视频特效能让作品转场更流畅、观感更好。

短视频分辨率选择

剪辑完成后，如果我们想制作“高清大片”，也可以导出高分辨率的视频。

通常来说，720p 是适合手机用户的分辨率，能够节省空间和流量，但清晰度较低。

1080p 为主流分辨率，多数场合都适用，画面清晰，上传平台时受压缩的影响较小。

4k 为极致清晰度，要求设备支持 4k 播放，但存储空间大，导出时间长。

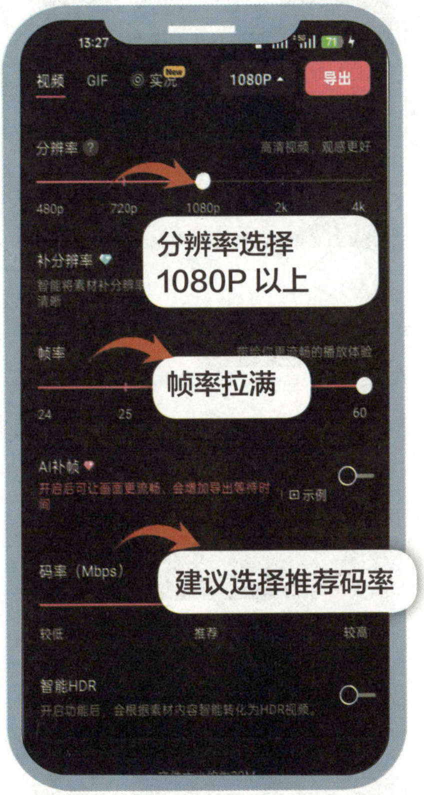

怎么借助 AI 实现智能剪辑、一键成片

随着 AI 功能的日益完善，剪映与 AI 的融合也越来越紧密。

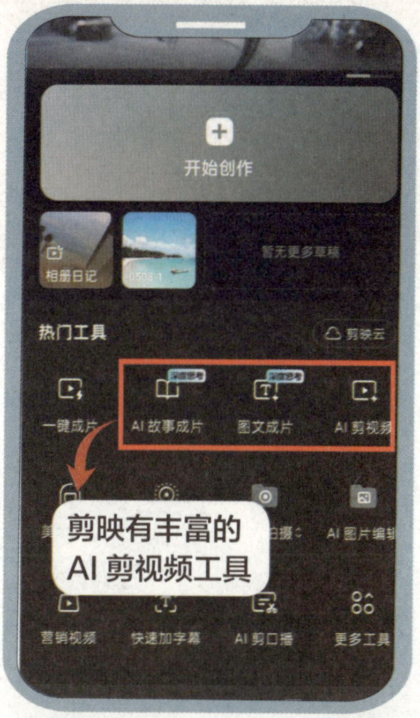

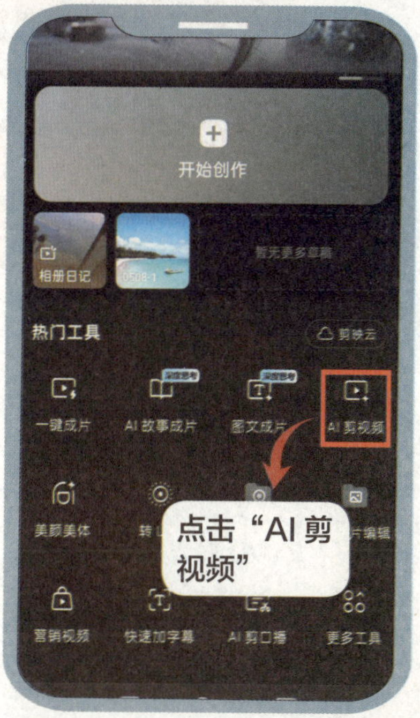

第三章

短视频变现

短视频怎么挂载“小程序”

短视频挂载“小程序”是短视频变现的重要手段。

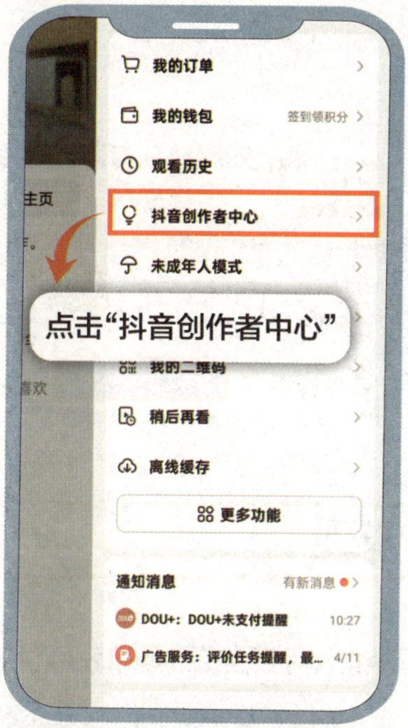

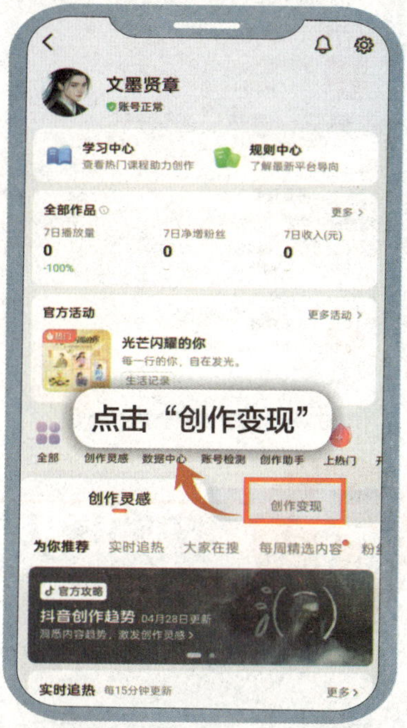

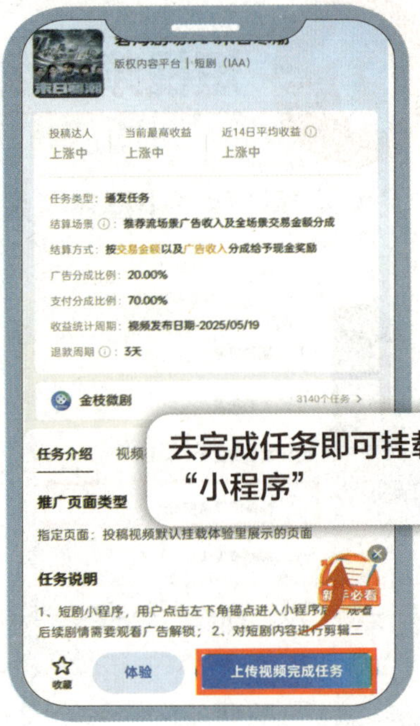

“团购达人”变现

“团购达人”是一个通过分享和推荐商品或服务来获取佣金的变现模式。我们分享团购后，有人点击加入，我们就可以获得佣金。

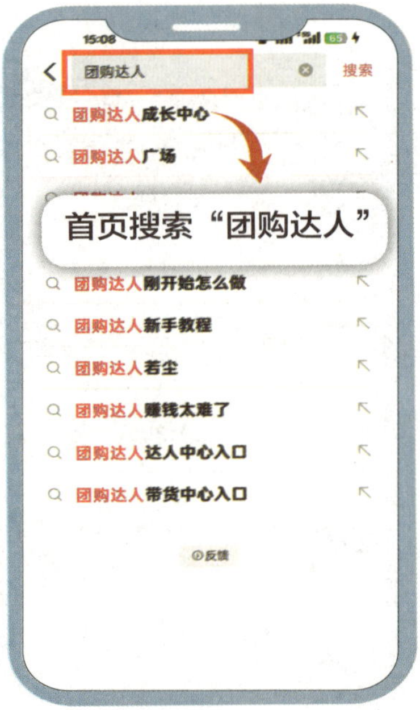

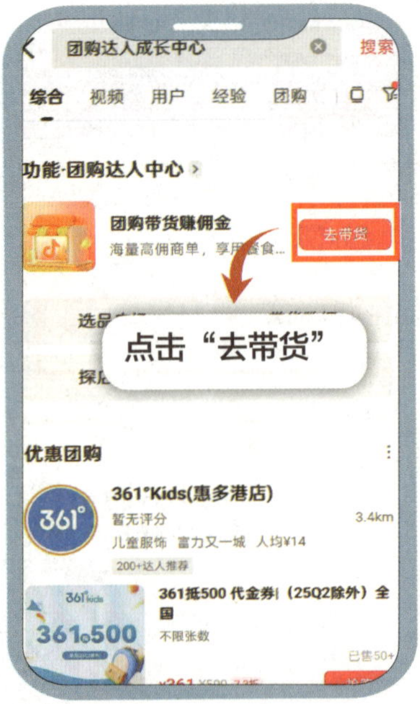

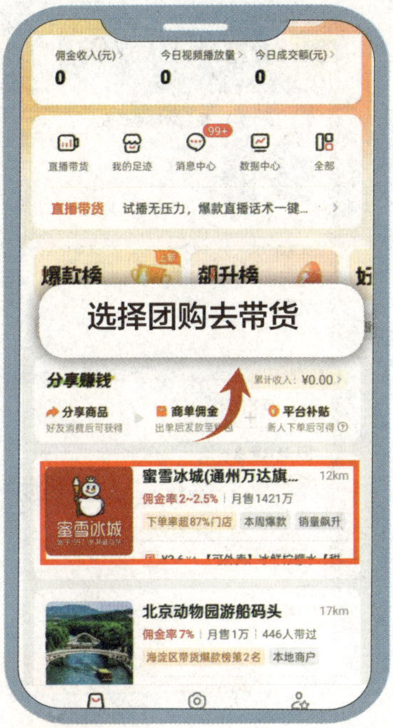

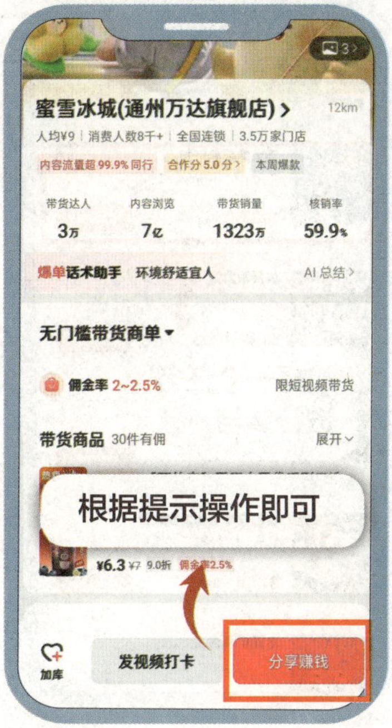

小游戏推广变现

分享小游戏并录制视频，完成任务，有人通过我们的视频进入小游戏后，我们就可以获得佣金。

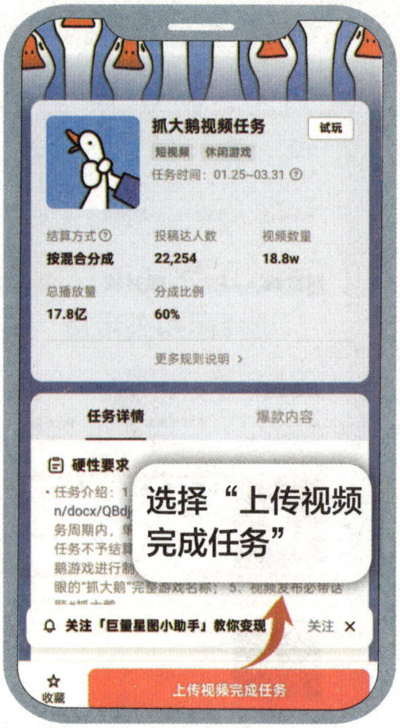

怎么获得“站外激励”

当创作者的作品被分享到其他外部平台，其他用户通过站外链接观看作品后，抖音会给予创作者一定的奖励。

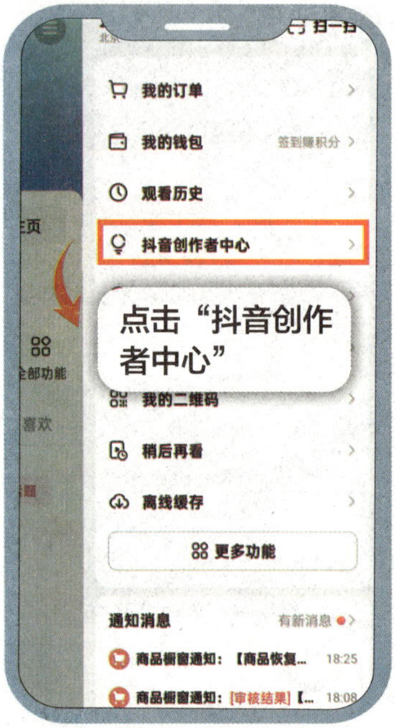

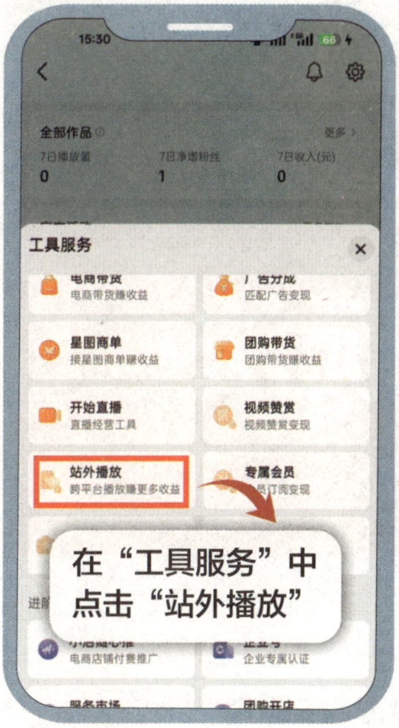

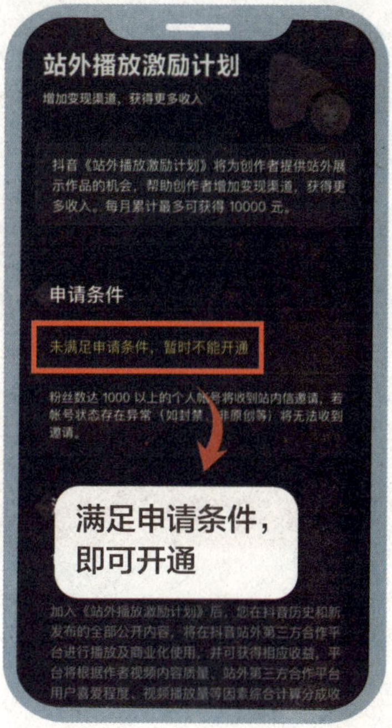

视频“赞赏”变现

优秀的短视频会得到用户的“赞赏”，不过该功能目前处于内测阶段，仅对粉丝量 10000 以上的部分用户开放。

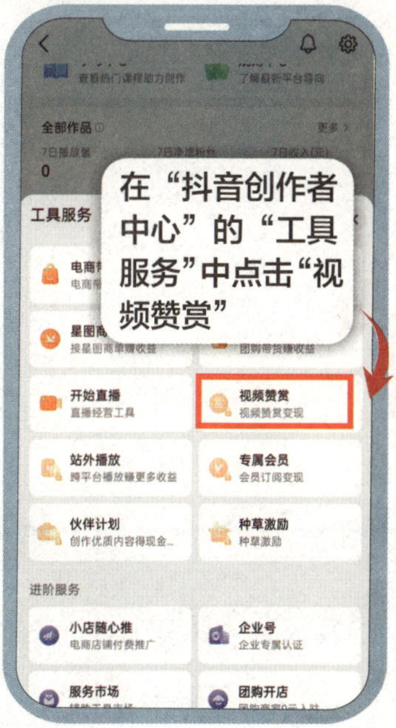

第四章

矩阵玩法

账号分工：垂直号 / 泛流量号组合策略

内容分发：同一素材的多版本改编

数据监控：跨账号 ROI 对比表格

风险规避：设备 /IP 隔离方案

账号分工：垂直号 / 泛流量号组合策略

一、账号定位

（一）垂直号

专注于特定领域，比如美妆、健身、科技等，内容精准，吸引的是特定受众，粉丝黏性高。

（二）泛流量号

内容较为广泛，覆盖的用户比较广泛，流量大，但是粉丝黏性可能较低。

二、流量引导方案

（一）泛流量号向垂直号导流

1. 场景植入：在泛娱乐的视频和直播内容里自然植入垂直领域的话题。

示例 1：搞笑剧情的主角健身失败，结尾引导“想科学健身？关注 @ 健身教练 XX”。

示例 2：口播提示：视频结尾用 5 秒钟引导关注垂直号。比如，“想学更多穿搭技巧？点击主页关注 @ 穿搭指南”。

2. 福利钩子：在泛流量号中发放垂直号的专属优惠券。

示例：“评论区抽 10 人送 @ 美妆实验室 定制礼盒。”

（二）双向互动方案

1. 矩阵联动：垂直号视频直接 @ 泛流量号，形成内容互补。

2. 粉丝互通：在泛流量号的简介中注明“垂直号的内容更专业”。

内容分发：同一素材的多版本改编

一、内容分发机制

（一）去重机制

通过算法识别重复内容，对重复内容的素材进行深度改编，避免限流。

（二）推荐算法

基于账号、内容、用户兴趣等标签匹配内容，在赛马机制下会根据完播率、互动率等来决定流量池层级。

二、改编策略

（一）基础改编

对视频的比例、字幕、画面裁剪、背景音乐等方面进行调整。

（二）深度改编

可通过重新配音、改变叙事节奏、添加转场或加入互动元素进行深度改编。

三、分发与驱动

（一）矩阵分发

原版在主账号上发布，改编版则在子账号上发布，以覆盖不同的用户群体。

（二）数据驱动

1. 流量高峰：制作 2 ~ 3 个改编版本，抓住各平台的流量高峰时段，利用工具定时发布。

2. A/B 测试：对比不同版本的完播率、互动率数据。

数据监控：跨账号ROI对比表格

一、核心工具选择

<table>
<tr><th>工具类型</th><th>工具推荐</th><th>核心功能</th><th>适合场景</th></tr>
<tr><td rowspan="3">数据采集</td><td>飞瓜数据</td><td>支持多账号绑定，实时获取广告收入、带货GMV、内容成本等数据</td><td>短视频运营</td></tr>
<tr><td>抖查查</td><td>提供视频榜单、粉丝增长、互动率等核心指标，支持竞品数据对比</td><td>电商运营</td></tr>
<tr><td>卡思数据</td><td>可批量管理账号并生成ROI分析报告</td><td>MCN机构</td></tr>
<tr><td rowspan="3">可视化</td><td>Excel</td><td>基础数据透视表 + 图表</td><td>小型团队</td></tr>
<tr><td>FineBI</td><td>支持多数据源整合、自定义仪表盘</td><td>企业级BI工具</td></tr>
<tr><td>Tableau</td><td>专业可视化</td><td>复杂数据分析场景</td></tr>
</table>

二、关键数据指标

指标类型	具体指标	数据来源
收入类	广告收入、带货GMV、转化率	飞瓜数据、抖音创作者中心
成本类	内容制作成本、推广投放费用	手动录入或财务系统导出
流量类	播放量、完播率、互动率	抖查查、卡思数据
转化类	点击率（CTR）、转化率（CVR）	抖音广告后台

三、ROI 计算逻辑

（一）ROI =（总收入 – 总成本）/ 总成本 ×100%

示例：月收入 50 万元，总成本 20 万元，则 ROI 为 150%。

（二）进阶分析

1. 区分渠道的 ROI：自然流量与 DOU+ 投放等流量的 ROI。

2. 区分视频类型的 ROI：计算剧情类、口播类等不同内容形式的 ROI。

四、对比表格示例

账号名称	账号 A	账号 B	账号 C
粉丝规模	100 万人	80 万人	50 万人
收入（月）	¥50 万元	¥45 万元	¥30 万元
成本（月）	¥20 万元	¥18 万元	¥12 万元
ROI	150%	150%	150%
爆款率	20%	15%	10%
平均播放 / 视频	200 万	180 万	150 万

五、实施步骤

第一步：通过工具 API 或手动导出 CSV 文件，获取各账号的数据。

第二步：清除重复的数据，补全缺失值，比如未统计的成本等。

第三步：在 FineBI 中创建数据连接，构建分析模型。

第四步：设置定时任务，每周自动生成 ROI 对比报告。

六、优化策略

（一）内容迭代

拆解高 ROI 账号爆款视频，重复使用这个选题和脚本结构。

（二）预算分配

可优先向 ROI>150% 的账号增加投放预算。

（三）矩阵管理

建立“主账号 + 垂直子账号”矩阵，在分散风险的同时提高整体 ROI。

示例：通过这个方案，某美妆 MCN 发现某子账号的测评类视频 ROI 达 300%，随后便将同类内容的占比从 30% 提升到 60%，带动整体 GMV 增长了 45%。

风险规避：设备 /IP 隔离方案

一、设备隔离策略

（一）物理设备独立原则

1. 确保账号的安全与稳定性，每个抖音账号应绑定专属登录设备，严禁多个账号在同一手机或电脑终端登录。

2. 对于企业级的矩阵，应采用“一机一号”的硬件配置。

（二）虚拟环境改造

1. 电脑端可通过 VMware、VirtualBox 等虚拟机软件来创建独立的系统环境。

2. 安卓设备使用“沙盒系统”来隔离运行环境，生成 IMEI、Android ID 等独立的设备指纹。

（三）设备信息深度重置

1. 在更换账号之前，一定要清理设备缓存、修改 MAC 地址和重置 IDFA、AAID 等广告标识符。

2. 如果设备进行了高风险操作，最好恢复出厂设置，并创建新的系统账户登录。

二、网络隔离方案

（一）独立 IP 配置规范

1. 做到“一个账号绑定一个 IP 地址”，优先用移动网络。

2. 在固定网络的环境下，使用软路由 + 动态 VPN，以实现 IP 地址的自动切换。建议每 30 分钟更换一次。

（二）网络环境切换机制

1. 直播时建议使用“流量 +Wi-Fi 的双通道切换”技术。

2. 在多设备组网环境中，建议启用 AP 隔离功能，以阻断设备间的本地网络互访，确保各终端独立运行。

（三）流量类型优先级

1. 在进行登录、提现、发布等敏感操作时，一定要使用移动数据流量。

2. 如果是日常浏览，可使用住宅代理 IP，但要确保 IP 池的纯净度。一般推荐 Luminati、StormProxies。

三、技术辅助工具

工具类型	使用场合	专业工具	专业工具
矩阵管理	IP 隔离、设备指纹伪装、部署 RPA 自动化系统	Hubstudio/AdsPower	实现多环境独立操作。但在部署 RPA 自动化系统时，需设置随机操作间隔（点击间隔 2 ~ 8 秒，滚动幅度 50 ~ 200px）

工具类型	使用场合	专业工具	专业工具
参数修改	电脑端	DeviceID Masker	修改硬件参数（主板序列号 / 显卡 ID）
	手机端	Device Emulator	伪造设备信息（品牌 / 分辨率 / 系统版本）

四、账号管理规范

（一）登录行为控制

1. 禁止跨账号使用相同的验证方式。示例：A 账号用手机验证，B 账号用邮箱验证。

2. 登录时，建议设置人脸识别 + 短信的二次验证。

（二）数据隔离要求

1. 不同账号应建立不同的素材库，以免造成使用相同的剪辑模板、BGM 和文案等。

2. 直播中进行控台分离，即不同的账号使用独立的推流设备与 OBS 配置参数。

五、长期维护策略

（一）风险监控体系

1. 部署 IPQS、GetIPIntel 等具有信誉度的 IP 检测系统，做到实时拦截黑名单 IP。

2. 构建设备特征指纹库，对存在风控触发记录的终端设备进行标识管控，禁止高风险设备重复接入系统。

（二）应急响应流程

1. 当出现“账号异常”提示时，应立即切断当前的网络，同时更换设备登录。

2. 对于触发封号处罚的终端设备，需强制隔离 72 小时，期间禁止任何关联账号的登录行为。

第五章

短视频起号必读

短视频起号技巧

短视频的风格选择

短视频文案公式

短视频常见误区

短视频上热门的五大指标

怎么查看播放数据分析

怎么查询短视频是否被平台推荐或限流

怎么投“DOU+”把自己推上热门

了解短视频的审核机制

短视频起号技巧

一、设定好个性标签，并长期使用

一些不考虑定位和内容大致方向的账号，发布内容范围太广，领域很不垂直，这样的账号几乎不可能火。一定要选择一个适合自己的个性标签，并一直用下去。

二、在评论区导流

可以注册若干个小号，到那些与自己账号风格类似的人气账号下面发布评论，简单来说就是通过蹭大号流量进行导流。注意不能打硬广告，而是要有技巧地用“软广告”进行含蓄推广。

三、利用大号为小号导流

用自己的大号带动小号，用小号为大号引流，能够得到更多的推广宣传机会。不过，要想得到很好的导流效果，就要增加小号与大号的关联性。要注意，如果小号质量不高，还可能让粉丝失去对大号的喜爱。

四、利用“从众效应”，制造热度

人都有一定的从众心理，也就是“随大流”。我们要学会为自己制造声势，给粉丝营造出浓厚的参与感和错觉：既然他这么“火”，我也要关注他。

五、跨平台推广

可以在微博、微信、小红书等平台分享我们的抖音作品，吸引外部流量。

短视频的风格选择

一、视觉享受类

这类短视频聚焦于高颜值、高美感，主角可以是人，也可以是优美的风景、可爱的动物等。如果以人作为视频的主角，合适的衣着和妆容至关重要；如果主角为风景或动物，就要通过高超的拍摄技术、精妙的布局、舒适的构图等来提升美感。

二、知识输出类

此类短视频的范围广泛，要具备知识性和实用性，常见的有摄影教学、美食制作等，需要具有短小精悍、干货十足、简单易懂易上手等优势。

三、幽默搞笑类

这类短视频受众广泛、老小皆宜，对短视频的创意和后期的剪辑处理要求非常高，而且需要控制节奏密度，必须有爆点来支撑。

四、才艺技能类

这类短视频既包括常见的唱歌、跳舞、乐器演奏、绘画、书法等，也可以是一些冷门的技能。特别是一些独特而又富有趣味性的技能，更容易成为热门。

五、评论解说类

这类短视频主要是对影视剧、游戏、体育比赛、热点事件等的评论、解说，要求解说词轻松有趣、通俗易懂或富有特色，同时符合用户的快节奏生活，因而备受欢迎。

短视频文案公式

很多爆款短视频都有出众的文案，吸引着用户的目光。想要打造爆款文案，可以参考下列公式。

引入敏感点 + 痛点

创作短视频文案，最好开场就能吸引用户的注意力。这就要求把握用户的敏感点和痛点，主要是他们在生活、工作或兴趣领域中普遍面临的问题，从而让他们产生强烈共鸣，有继续看下去的欲望。

渲染气氛 + 把握细节

短视频的环境气氛和主题必须对应，让用户在最短的时间里理解短视频要表达的内容。文案应成为传递这些核心信息的关键，帮助用户理解短视频所要表达的深层含义。

激发好奇 + 引导互动

在短视频开头设置悬念，可以激发用户的好奇心，吸引用户的注意力；在短视频结尾则可以设置互动环节，鼓励用户参与讨论，有助于提升视频的活跃度和传播度。

认知颠覆 + 视觉反差

认知颠覆，即提供与人们普遍接受的观点、常识或者预期相反的信息来引发关注；视觉反差则是指在视觉呈现上制造强烈的对比效果，以吸引用户的目光。这两种手法不仅能加深用户对内容的理解，还容易形成口碑传播。

短视频常见误区

很多新手在刚开始做抖音短视频时，容易进入一些误区，稍不留意就可能让账号发展受阻。以下就是四个常见的误区。

误区一：频繁修改个人资料

一些新手刚开始没想好拍什么，也没有做好规划，就填了自己的头像、昵称、签名等基本信息，后面发现不合适，于是一再修改。这样的操作容易让系统判定为营销号，进行限流、降权等，还不利于在粉丝心中留下印象。

误区二：多拍、多发才能上热门

很多新人相信只要自己多拍、多发，总有一个短视频会火。他们认为上热门靠的只有运气，于是就不管自己的人设标签，只要有热点就靠上去，即使违背了自己的人设和内容方向也在所不惜。

其实新人必须重视自己前五个作品的质量，宁可拍得慢一点儿，也不能乱拍，否则可能被系统降为低权重账号。

误区三：拍短视频一定要用专业设备

新手在遭遇瓶颈时，总感觉是因为自己缺乏专业设备所致，于是选择放弃。其实多数爆款短视频都是用手机拍出来的，一个短视频会不会火并不在于它是不是高清，而是内容是不是足够好，能不能给用户提供价值。

误区四：拍短视频必须尽快变现

做抖音当然是为了赚钱，这是无可厚非的。但是如果急于变现，而不是专注于涨粉，就有可能被系统认定为营销账号，会被降权。而且抱持这种心态做抖音也可能会因为短时间内赚不到钱而轻易放弃，所以新手最好摆正心态，把拍短视频当作播种，将重心放在给用户提供价值和涨粉上，变现机会自然而然会来找你。

短视频上热门的五大指标

抖音短视频上热门的核心在于数据化思维，其中完播率、点赞率、评论率、分享率、涨粉率这五大指标是最关键的因素，可以评估短视频的受欢迎程度，并且据此优化运营策略。

完播率：就是完整播放次数与播放次数之间的比例，可以通过抖音提供的数据分析工具来查看。通过数据对比，可以发现自身不足，找到改进方向。

点赞率：就是点赞数与播放量之间的比例，能够反映出用户对内容的认可或喜爱的程度。根据平台提供的点赞率曲线，能够分析出用户行为及偏好，了解受众喜好。

评论率：就是评论数与播放量之间的比例，可以用引导评论的提示语以及在文案中设置引导用户关注的话题来吸引更多评论，提升视频热度。

分享率：就是分享数与播放量之间的比例，分享率越高，播放量就越高。分享率高也说明内容能够打动用户、引发共鸣，有助于我们提高短视频的制作水平。

涨粉率：就是账号涨粉数与播放量之间的比例，能反映出一段时间内视频内容的受欢迎程度。

怎么查看播放数据分析

短视频发布后，你一定很好奇播放数据，因为这些数据事关账号的“钱途”。

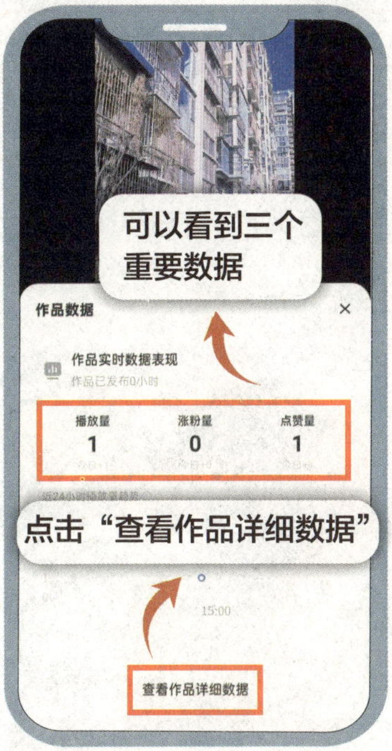

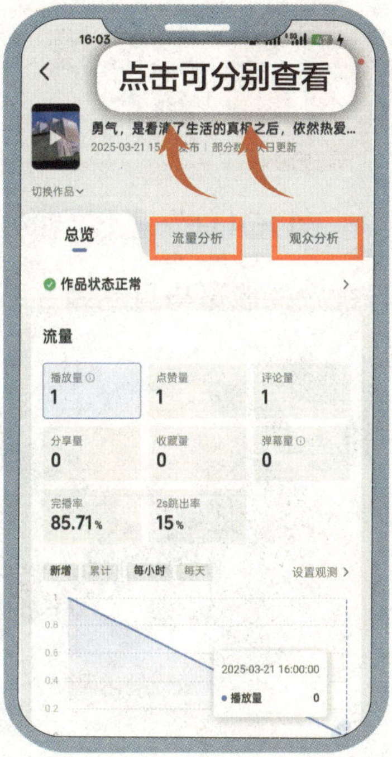

怎么查询短视频是否被平台推荐或限流

对于新手来说，发布的短视频能不能火，平台的推荐或限流至关重要，这有可能影响自己的自媒体生涯。

在“抖音创作者中心”找到“账号检测”按钮，点击即可查看。如果系统提示作品有违规嫌疑，将减少视频推荐，那么就会被限流，应及时采取措施进行改进和申诉。

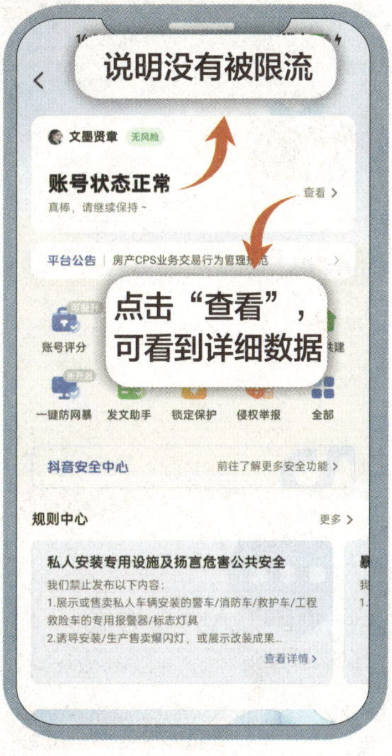

怎么投“DOU+”把自己推上热门

“DOU+”是抖音的内容加热和营销推广产品，能够提升视频播放量与互动量，吸引更多用户关注。

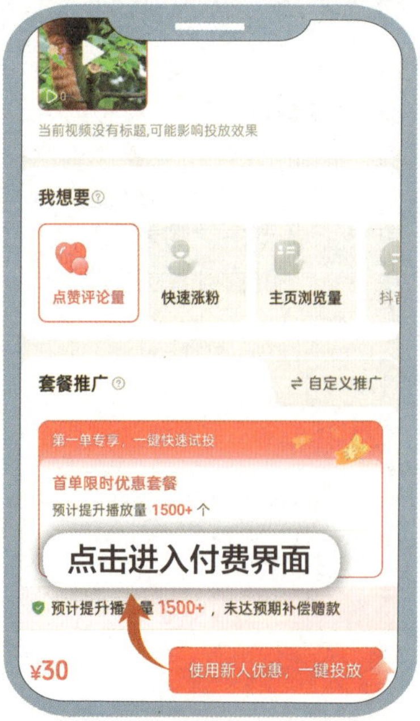

了解短视频的审核机制

绝大部分的抖音视频是由机器审核的，当部分视频靠机器难以判断时，才会由人工进行审核。我们必须遵守短视频的内容规则，千万不要抱有侥幸心理。

一、吸烟、喝酒及打骂等不文明行为

短视频中不要出现烟酒、打骂等内容。

二、穿着过于暴露

不要穿着过于暴露的服装，也不能拍摄其他穿着暴露的人。

三、毒品或赌博

赌博或毒品相关的视频会被直接认定为违规。

四、刀具或枪具

不管是真的还是仿真的刀具或枪具，都尽量不要拍摄。

五、出现水印

不允许视频中有第三方平台的水印，否则会被限流或下架。

六、过于模糊或抖动的画面

如果画面过于模糊或抖动，会被视为创作者不用心，不给流量。

七、搬运视频

搬运视频没有成本，对原创者不公平，会受到平台的限制。

八、出现“硬广”

出现商品价格和购买渠道等，会被视为“硬广”而遭到惩罚。

第三篇

直播带货全流程：从首播到日销百万

第一章

首播前的准备工作

直播前要设置的功能

怎么设置直播封面

怎么发布直播预告

怎么添加直播间介绍

了解直播间流量池等级

直播前要设置的功能

开始直播前，要通过设置一些基本功能来提高直播效果。

一、封面设置：选择一张高颜值或有特色的照片作为封面。

二、开启位置：如果不想让同城的人或熟人看到你的直播，可以隐藏位置。不过同城是重要的流量入口，一般不建议关闭。

三、观众可见设置：可以在“不给谁看”中设置不让熟人看到你。

四、直播内容选择：选择好直播类型，吸引有相关兴趣的观众。

五、美化设置：选择最适合你的美颜效果，但要避免过度。

六、直播间介绍：写一个有特色、容易引起共鸣的直播间介绍。

七、清晰度设置：选择确保直播画面清晰的清晰度。

八、公屏设置：选择一个让人感觉舒适的公屏设置。

九、直播预告：设置直播时间，方便观众提前知道直播安排。

十、直播间收入功能：开启所有付费功能，有助于变现。

十一、网络检测：确保网络连接良好，以免直播过程中出现问题。

十二、评论设置：务必开启允许观众评论的功能，这将影响互动数据。观众发送语音的功能可以根据喜好开启或关闭。

怎么设置直播封面

怎么发布直播预告

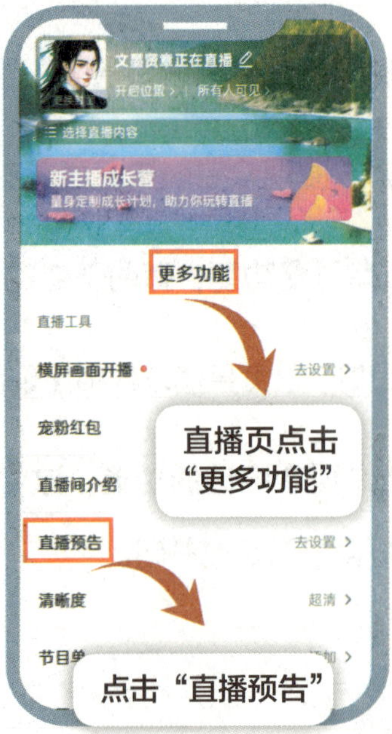

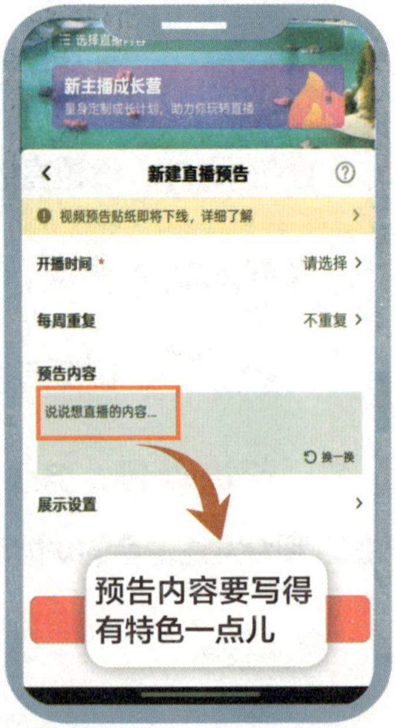

怎么添加直播间介绍

抖音直播间介绍的核心在于介绍主播特色、明确直播的价值，也可以运用一些互动话术，吸引观众停留。

了解直播间流量池等级

抖音直播间大致分为六大流量池层级，了解其逻辑有助于通过数据表现优化来实现流量突破。

抖音直播流量池采取的是“赛马机制”。通常来说，每个直播间都会分配到一个初始流量池，并根据直播间表现逐步推荐到更高级别的流量池。流量池的层级决定着直播间的曝光量和流量精准度。

最低级别的流量池，每小时推流范围为 300~500 人次；如果数据表现优秀，会被推荐到每小时推流范围为 500~4000 人次的流量池内；如果表现依然优秀，会被推荐到每小时推流范围为 4000~3 万人次的流量池，此时已达到腰部主播的起点了；随着流量的进一步增加，会被推荐到每小时推流范围为 3 万 ~20 万人次的流量池内；少数头部主播能达到每小时推流范围 20 万以上，至于每小时推流范围 100 万以上，已经属于“现象级”的主播了。

正因为抖音直播的独特机制，使得开直播无需先涨粉。只要直播质量高，能抓住平台初期的免费流量，就可以快速拉升人气和转化率。

第二章

新人首播实战指南

开播前的准备工作

怎么开启试播

直播间屏幕界面功能介绍

直播间的美化

直播间怎么调整美颜

怎么设置直播间管理员

怎么与其他主播互动

怎么维持直播间秩序

直播间怎么发“红包”和“福袋”

怎么设置和查看“直播回放”

怎么设置直播间“观众匿名”

直播间怎么查看实时数据

开播前的准备工作

不同的直播类型，可能要做不同的准备工作，不过以下准备工作适合大部分类目的直播。

一、灯光

发散、柔亮的球形灯适用于多数室内场景；当需要近距离展示、为美颜补光时，可以用环形灯；需要为下半身补光的直播类型，适合用地灯。

二、设备

用手机开播时，建议使用美颜、光线处理技术比较好的手机；用电脑开播时，需要粉丝数 1000 以上，建议配置高清直播摄像机、声卡、高配电脑，并安装直播伴侣软件。

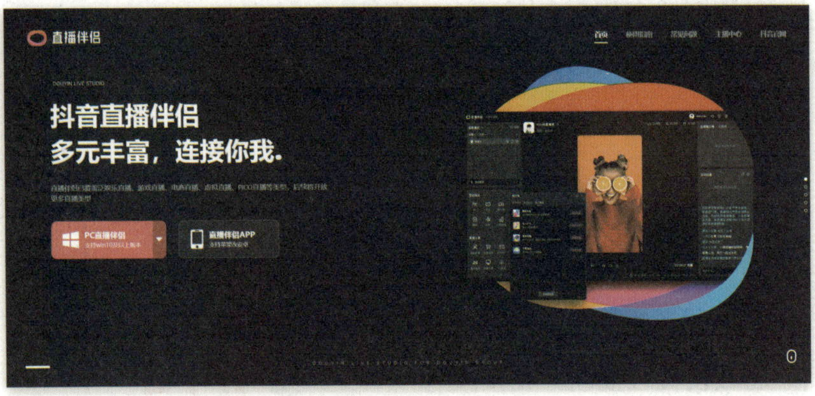

三、设备调试

开播前要进行音视频测试，确保声音清晰、图像清晰。

四、准备好直播话术与讲稿

提前准备好直播话术与讲稿，才能保证直播时表达流畅、条理清晰。

怎么开启试播

开始直播前，可以开启试播，以便检查设备、网络连接、直播内容以及互动环节等，做到心中有数。

直播间屏幕界面功能介绍

抖音直播间的功能较为简洁。以手机直播为例，除了上方的人气榜、直播任务按钮外，下方仅显示 PK、连线、互动、装饰及更多功能。连线功能能够活跃气氛、增加互动数据，装饰功能可提升直播间美观度，互动功能提供了一些与粉丝互动的方式，分享功能可将直播分享给好友。

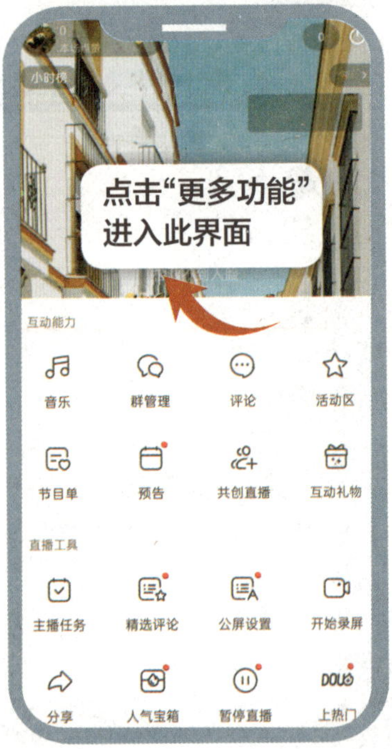

直播间的美化

领50流量
检测不到人脸
试播仅自己可见或你设置的用户可见，且不会影响你正式开播的流量，可放心彩排，但你仍需要遵守直播规范，避免违规。
点击右下角分享按钮，可邀请你的好友进入直播间
点击“装饰”
PK
连线
互动
装饰
更多

检测不到人脸
点击“贴纸”
装饰美化
美化
特效
贴纸
手势魔法
变声器
多机位直播

试播彩排中
领50流量
检测不到人脸
选择喜欢的贴纸
试播仅自己可见或你设置的用户可见，且不会影响你正式开播的流量，可放心彩排，但你仍需要遵守直播规范，避免违规。
点击右下角分享按钮，可邀请你的好友进入直播间
文字贴纸
图片贴纸

一起过节唠唠嗑
达到粉丝数门槛
后可编辑贴纸
PK
连线
互动
装饰

在直播中也可以设置清晰度，清晰度影响着直播效果，不过清晰度也不是越高越好，越高的清晰度对网速和设备性能的要求也越高。如果达不到要求，就可能影响直播的流畅性。

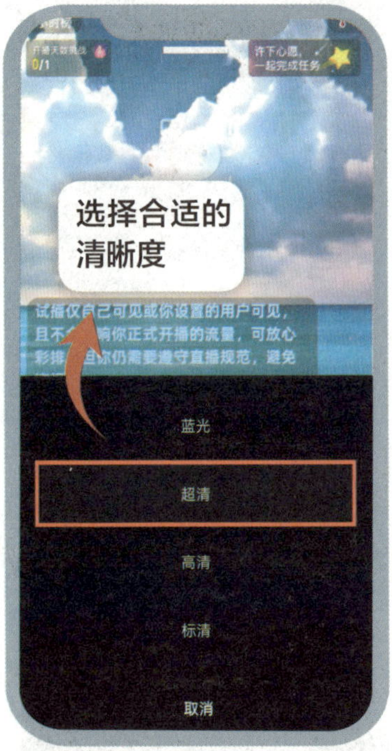

直播间怎么调整美颜

怎么设置直播间管理员

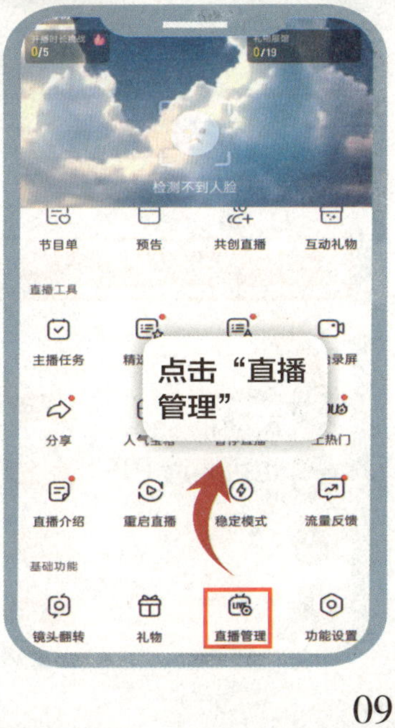

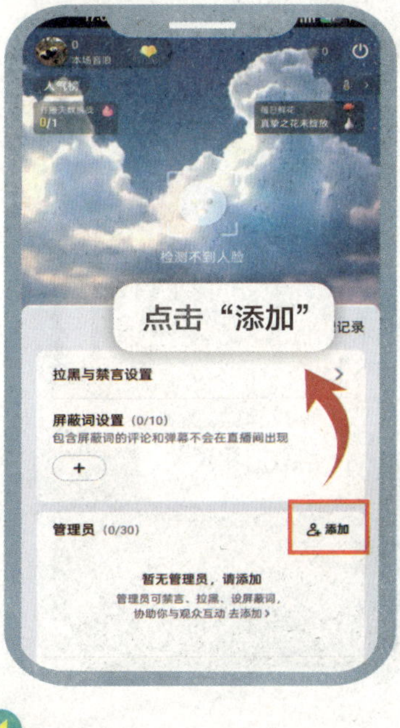

怎么与其他主播互动

检测不到人脸
试播仅自己可见或你设置的用户可见，且不会影响你正式开播的流量，可放心彩排，但你仍需要遵守直播规范，避免违规。
进入直播间
点击“连线”
互动
装饰

检测不到人脸
试播仅自己可见或你设置的用户可见，且不会影响你正式开播的流量，可放心
连线模式
点击“立即开启”
动态布局
固定布局
立即开启

一起过节唠唠嗑
点击“PK”
连线
互动
装饰

暂无段位
0/3场PK
发起连线
发起PK
随机PK
为你寻找实力相近的对手，预计等待9s
发起随机PK
可随机 PK，也可邀请 PK
邀请PK
邀请PK
邀请PK
邀请PK

怎么维持直播间秩序

为了维护直播间秩序，提升用户体验，必须提前设置好“屏蔽词”，避免不良信息、言论侮辱和歧视等不当行为出现。

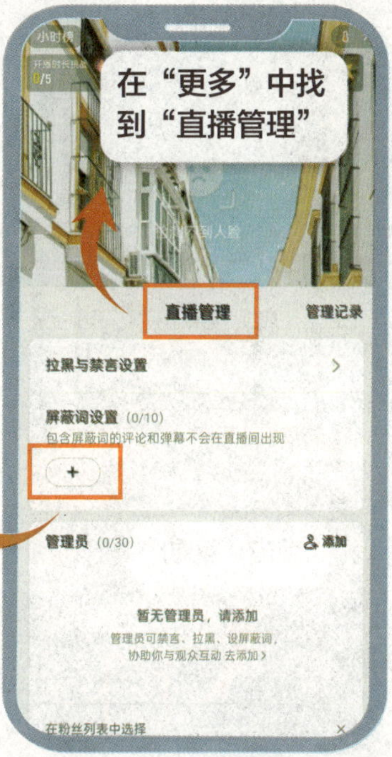

粉丝达到一定数量后，总会出现个别不礼貌的粉丝，让自己和其他粉丝都感到不愉快。这类人只是为了发泄情绪，讲道理根本没有用，最好及时进行拉黑操作。

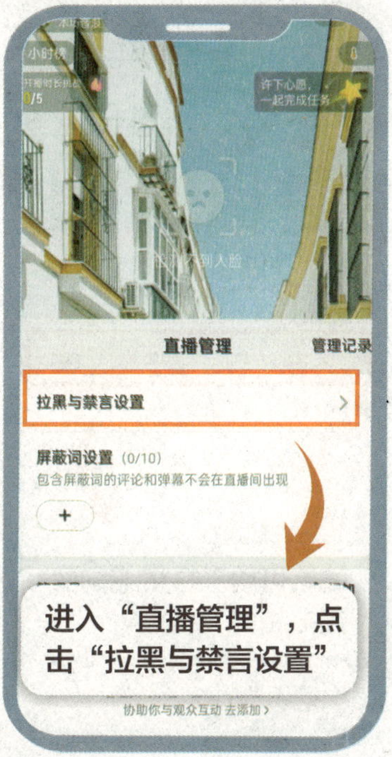

直播间怎么发“红包”和“福袋”

“红包”和“福袋”是主播留住直播间粉丝的常用手段。

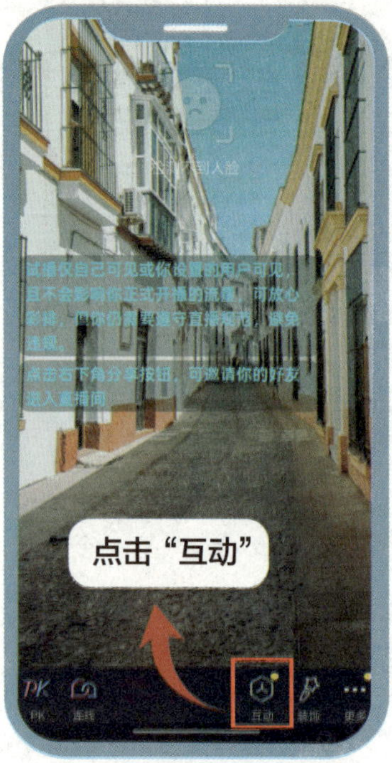

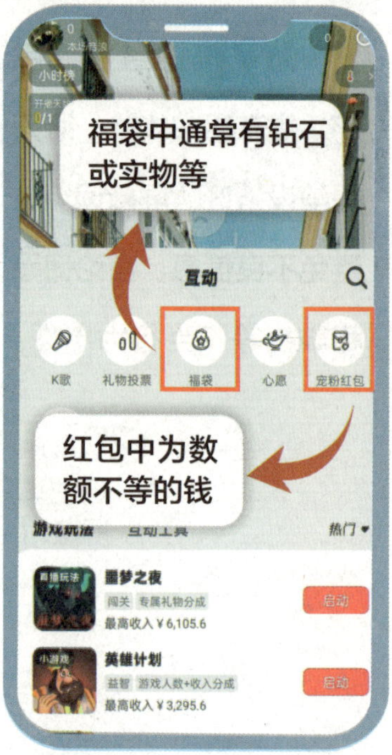

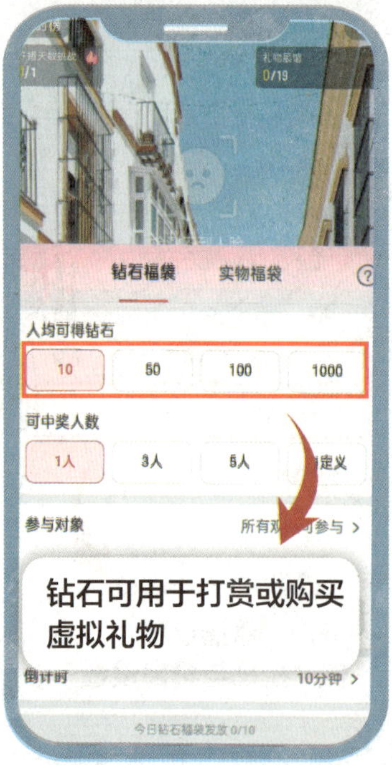

怎么设置和查看“直播回放”

直播结束后需要复盘，可以使用“直播回放”功能。

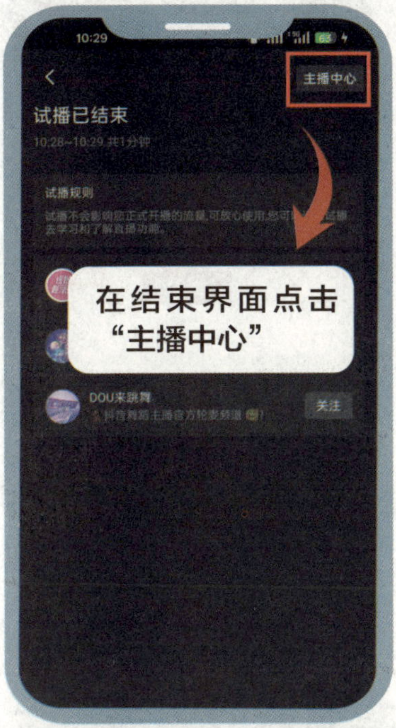

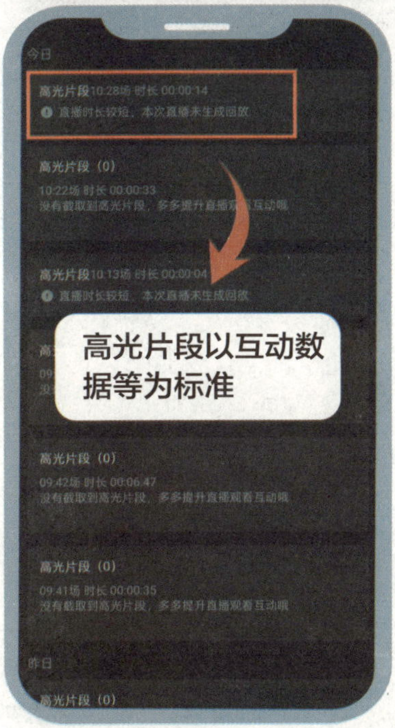

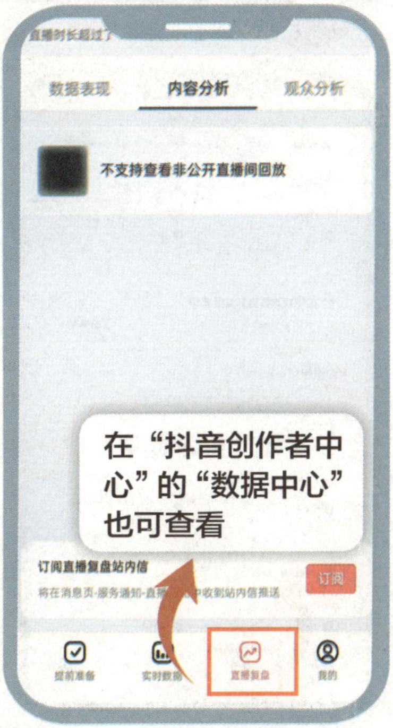

怎么设置直播间“观众匿名”

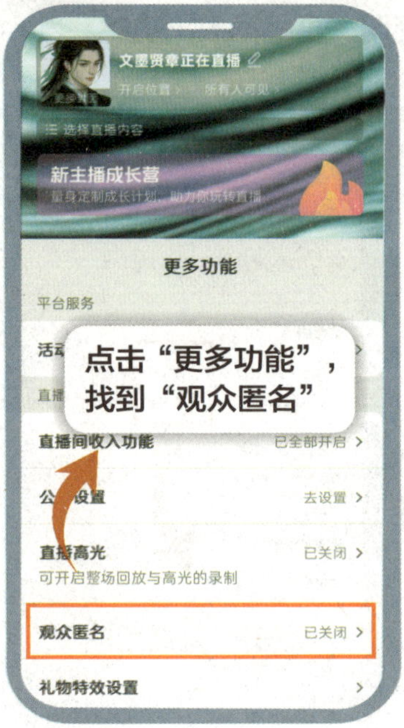

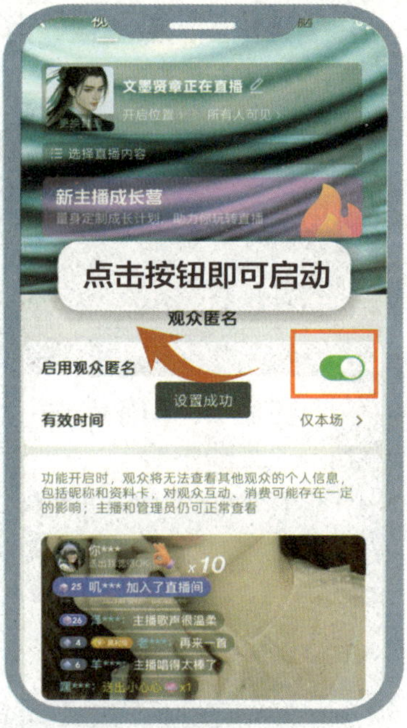

直播间怎么查看实时数据

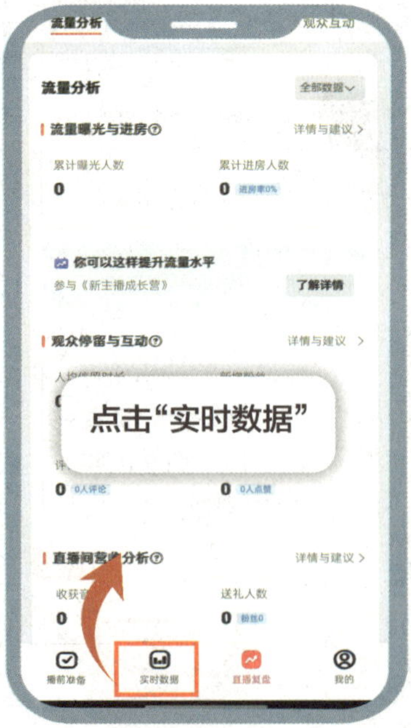

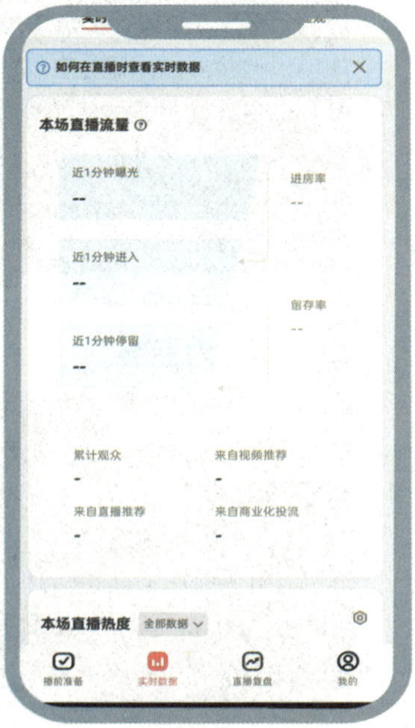

第三章

新主播的自我修养

新人主播常用起号方式

新人主播要提升的 6 种能力

新主播常见的问题

新主播如何避免陷入误区

首播策划方案的四大核心要素

怎么给自己打标签

新人主播常用起号方式

直播“内卷”激烈，新人起号不是那么容易的事，需要根据自身特点选择不同的起号方式。

一、短视频起号

抖音是一个内容平台，想要直播带货，最有效的起号方式就是短视频起号，用高质量的短视频内容吸引粉丝，引流到直播间。

二、平播起号

即不依赖限时秒杀、限量抢购等刺激性策略，而是通过固定频率的直播，用平实的语言来介绍商品等。这种方式如果有高质量的短视频与出色的直播内容配合，还能取得一定的效果，否则数据一般不佳。

三、自然流起号

自然流起号，即不通过付费流量进行起号，该起号方式对“人（主播）、货（商品）、场（场地）”的要求都非常高，如果做不到高停留、高互动、高转粉、高转化，很容易因“入不敷出”而停播。

四、千川起号

巨量千川是抖音的一个广告投放工具，能够帮助主播提高曝光量。通过千川投流将用户吸引到直播间，转粉率提高以后，后续就可以实现自然流量的增长。

新人主播要提升的 6 种能力

一、好口才

想当好主播，拥有流利且富有感染力的口才是必备条件。这要求主播拥有信息整合能力和搭建逻辑框架的能力，将自己的观点和想法清晰准确地表达出来，还要具备情绪传递效率。

二、有才艺

唱歌、跳舞、乐器演奏等表演类才艺是多数主播的“看家本事”，一些小众的兴趣爱好也可能收获意想不到的关注度。要有足够的专业和热情，不断挑战自我，让直播内容更加丰富多彩。

三、幽默感

幽默感是直播破冰破壁的核心武器，能避免直播最可怕的敌人——冷场、无聊，让直播内容更加生动有趣，让观众在欢笑中对主播留下深刻印象，增加粉丝黏性。

四、记忆点

想让直播脱颖而出，必须保持自己的个性化，最好能创造一些独特的记忆点，例如特别的口头禅、标志性动作等，在直播中反复使用，加深观众的记忆。

五、应变能力

在直播过程中，意外状况随时可能发生，如设备故障、网友恶意评论、突发话题等。拥有良好应变能力的主播能够迅速调整状态、解决问题，保障直播顺利进行。

六、尺度感

在直播时，在各种违规边缘试探可能会带来一时的流量，却容易导致严重的后果，影响职业生涯。所以直播必须掌握合适的尺度，严格遵守法律法规与平台规定，还要注意与观众互动的分寸，避免过度调侃或侵犯观众的隐私。

新主播常见的问题

新主播缺乏经验，容易遇到一些问题，下面这几条需要引以为戒。

一、镜头表现力差

很多新主播在私下里能侃侃而谈，面对镜头却表现得不自然，缺乏感染力，这是因为镜头感比较差，或者感到害羞、紧张，甚至出现一些畏惧镜头的心理障碍。这就需要让自己勇敢地直视镜头，同时多上镜，不断练习适应镜头。务求在镜头前始终保持饱满的精神状态，热情自信，说说笑笑，表情和动作都要丰富起来。

二、话术较差

新主播的话术部分相对比较薄弱，容易出现冷场。这时就要多模仿热门直播间的话术，也可以去搜索万能话术，包括如何提出问题、放大问题、解决问题、打消顾虑等，环环相扣。读得熟了，也能够适时用上。

三、缺乏自己的直播风格

新主播还没有形成自己的直播风格，这是很正常的，但不能缺乏找到个性化风格的意识。新手期可以多模仿优秀的主播，包括其话术、语速、语气、直播节奏乃至手势动作等，做到“像素级模仿”。先有模仿，才能实现超越，经过后续直播的反复优化和调整，就能够找到自己的风格了。

四、没有直播节奏

新主播对直播间的掌控力不强，就容易让直播缺乏节奏。这也需要对那些节奏感强的直播间进行模仿，也可以多与直播间的“气氛组”人员配合，更容易找到舒服的直播节奏。

五、心态不稳

心态不稳是新主播的通病，容易因缺乏人气，或者遭到观众的羞辱等出现心态问题，放弃主播这条路。这需要努力提升抗压能力，并掌握调适心态的方法。

六、内容短板

一些新主播不知道什么样的内容能够留住观众，也缺乏一些“钩子”设计，或者直播节奏拖沓，缺乏高潮点设计。有这些问题的新主播要主动向大主播“取经”，想方设法提升直播效果、精心准备内容、把握节奏，给观众留下来的理由。

新主播如何避免陷入误区

一、控制直播时长

新主播不必一开始就播太久，建议把时间控制在 1.5 小时到 2 小时。随着经验的积累和观众基础的扩大，就可以慢慢增加时长。系统会根据你下播时的数据来为下一场直播推流，所以新主播需要循序渐进，更有利于流量的稳定增长。

二、谨慎进行直播间分享

为了热度，新主播常常邀请亲朋好友来直播间评论、点赞、刷礼物，但是这样容易导致系统误判，给账号打上错误标签，影响推流。所以，直播间分享一定要谨慎。

三、优化互动话术

不要反复强调自己是新主播，请求观众关注点赞，这样的话术缺乏吸引力，很难激发观众互动的积极性。在与观众的互动中，不妨突出利益点，强调自己能够提供怎样的价值。

四、灵活选择直播时间

早上 6 点到 9 点、晚上 9 点到 12 点的流量较大，但是大主播也在这些时间段集中开播。新主播最好尝试在不同的时间段开播，找到最适合自己的直播时间。

五、理智进行投流

在直播初期，不要盲目进行大量投流，这样不仅浪费资金，还可能吸引大量“羊毛党”，打乱账号标签。每次投流都要做好数据记录和复盘，总结经验，把钱花在刀刃上。

首播策划方案的四大核心要素

想要成功完成首播，准备一份具备四大核心要素的策划方案必不可少。

一、明确直播主题

直播要围绕一个清晰的主题展开，避免“标题党”之嫌。如果观众不知道我们传播的到底是什么核心信息，就会产生反感。因此，新主播在策划直播时，务必明确主题，并确保直播的每个环节、每一项内容都紧密围绕主题进行。

二、把控直播节奏

规划好每一项直播内容的时间，即确定哪个时间段播什么内容，才能从容自如地把控直播节奏，优化直播的流畅度，避免无话可说的尴尬。例如在一场 2 小时的带货直播中，前 20 分钟可以通过互动暖场，吸引观众的注意力；接下来的一个小时详细介绍产品；最后 40 分钟进行优惠促销和答疑环节等。

三、安排直播分工

团队直播时，需要在策划方案中备注好每个人的工作安排和职责，能提高直播运营的效率，培养互相之间的默契，为后续直播打好基础。

四、引导直播互动

优惠、游戏、抽奖等互动环节是提升直播用户转化率的关键环节，必须在策划方案中提前安排好时间段，并准备好营造紧张感、稀缺性的话术，如“优惠大礼包只剩下最后几个名额了，机不可失，时不再来”等。

怎么给自己打标签

直播间的标签是否精准直接决定着平台推流的质量。只有精准的标签才能让直播间被感兴趣的目标人群看到，从而提升转化率。以下三种给直播间打标签的方法，新手一定要认真看。

第一种，慢打标签

这种方法就是稳扎稳打，积累数据，通过一场场的直播让系统不停地推流和数据反馈，统计你的直播间留下来的、飘礼物的、点灯牌的和进行购物的都是什么人。随后系统会根据这些数据反馈分析人群特征，标示出来后就是你的直播间标签。

例如，当系统分析出你的直播间粉丝地域分布和成交粉丝地域分布以河北省为主时，那你就可以调整话术，多提及与“河北”有关的话题，提升直播间互动。

第二种，快速打标签

利用投放千川的方式，能够快速给直播间打标签。在投放时，只要告诉系统你想要什么样的观众，系统就会给你推流选择的目标人群。只要这些人能够在直播间停留，并产生一定的转化，系统就会给你打上人群标签。

第三种，短视频引流打标签

这是一种比较精准、快速的打标签方式。只要你制作的高质量短视频与直播带货的产品相关，短视频火爆之后，就能把精准人群推流到直播间。这些用户凭借对短视频制作者的好感，更容易停留、互动、成交，系统自然而然地给你的直播间打上标签。

第四章

新主播如何自我突破

新人首次直播要怎么播

新人第二次直播要怎么播

怎么布局一场完整的直播

如何突破百人在线这一关

直播间留人的七个技巧

留住第一波流量的方法

新人首次直播要怎么播

一、小号试播

如果没有信心，可以先在小号上试试水，一方面检查直播间各项功能是否正常，另一方面可以梳理讲话逻辑，调整表达节奏，正式开播时就不会手忙脚乱了。

二、享受直播过程

开始直播那一刻，就要沉浸式地享受直播状态，把自己当成“大明星”，就算直播间人不多，也要生动演绎，不妨自导自演、自言自语，让点进来的用户感觉你的直播间好像有很多人，忍不住评论，给直播间带来热度。

三、用画面留人

画面是留住观众的关键因素之一，除了出众的容貌，还可以佩戴特殊的头饰、耳饰等，用各种看点、亮点、槽点来吸引用户。此外，直播间的灯光要亮，还可以布置一些新奇或者特别的东西，或者用很专业的背景等，一切都为留人服务。

四、视情况发放红包、福袋

新人首播不建议发红包、福袋，因为如果没有接流量的能力，只会越发越凉。即使发，也要找准时机、控制金额，否则只能吸引机器粉，数据越做越差。

五、学会做数据

积极引导观众点赞、评论、参与互动，才能“叠流量”，提升直播间数据。为此，建议在开播前就准备好相关话术。举例来说，直播间在 10 人以下时，要喊人、留人；10 人至 20 人之间时，可以用提问的方式留人；达到 20 人以上时，就要用利他思维去留人；50 人左右时，可以抛话题、说效果；达到 100 人左右时，就可以运用特定的动作加话术组合来进一步扩大影响力。

新人第二次直播要怎么播

如果首播效果不错，就要认真安排二播，并做出一些策略上的改进；如果首播没有什么人气，就要把二播当首播，因为首播这个话题更容易留人。

二播时，依然可以蹭首播的热度，例如回顾一下首播，聊聊首播经历和心路历程，讲述一下吸引观众、搭建账号的小技巧等。也可以分享一下锻炼口才、克服紧张情绪的方法等。

二播可以围绕“三大核心”来进行：接流量、抛价值、还原首播。

例如可以讲一下自己的经历，自己过去的职业，为何要在抖音直播，以及如何勇敢开启了人生的第一场直播等。晒出首播的结果也能够提升观众的好奇心，留住他们。为了接流量，还可以围绕抖音流量大、变现快、门槛低、轻投资、自由灵活等优势来进行讲述。

总之，首播和二播都处于起步阶段，不要急于求成，要多锻炼胆量、提升自信和镜头感。每一场直播都是一个成长的过程，只有多直播，才能越来越自信、越来越富有吸引力。

怎么布局一场完整的直播

在直播前，要做好整场直播的策划，根据推流节奏精心设计直播内容，提前布局好整场直播。

以一个小时的带货直播为例。

前 10 分钟：聚人气

开播后的第一件事：打招呼，欢迎直播间的观众积极互动，拉近主播与观众的距离。例如：“家人们晚上好！欢迎来到直播间，今天大家一起开开心心地聊天儿吧。”

第二件事：讲内容，卖关子，引发观众好奇。例如：“告诉大家一个大消息，今天直播间要上新一款爆款产品，它火了整整 20 年，很多大牌明星都爱不释手！”

10~20 分钟：留客，拉互动

公布整场直播有哪些促销福利，例如抽奖送产品、送红包、限量秒杀、低价折扣等，让观众觉得留在直播间就能薅到羊毛。例如：“家人们，这款粉底液平常在官方旗舰店最少也得 50 元，今天在我的直播间，直接给大家一个冰点价——30 元！不仅如此，现在下单还能额外获赠眉笔一支！相当于花一份钱，到手两种国产好货。这可是限时福利，错过今天，再也享受不到这么大的优惠了。想要的家人们，赶紧点击下方链接下单吧！别犹豫，犹豫就会败北，赶紧冲！”

20~30 分钟：介绍产品

借助直播间提前布置好的产品使用场景，与观众展开互动。例如引导观众说出生活中遇到的痛点问题，并自然而然地推荐自己直播间的产品，阐述产品的卖点、使用感受、产品成分、价格对比优势等，让观众觉得这款产品正是自己需要的。

30~40 分钟：举证

口说无凭，观众想要看到的是实实在在的效果。这时可以现场试用，分享试用感受与效果，并举证使用该产品的名人、明星等，双管齐下，让观众的想法从“可能用得上”转变为“想拥有同款”。

40~50 分钟：说服

即使有观众产生了购买欲望，但还是会有所顾虑，或者想要货比三家。此时要从功能、价格、成分、促销力度等方面，将直播间产品与竞品进行对比，增强说服力。对于直播间的折扣政策，也必须重复强调。

主要是用话术让观众觉得“物超所值”，例如：“这套产品市场价 299，由于我们是厂家直接拿货，且厂家刚开始进行线上渠道的销售，所以只需要 199，还送三件样品。这种机会错过了就真的没有了。”

最后 10 分钟：催单

经过说服，一部分观众已下单，但依然会有犹豫的观众，却没有离开直播间，说明还是有一定的意向。这时，就要想办法催促他们快速下单。

为了提升紧迫氛围，主播可以进行倒数计时：“还剩一分半时间，成交量已经 95 单了，剩下的真的不多了。又成交两单！好，我们开始倒数：5, 4, 3, 2, 1！”对于已经有意购买的观众来说，会在最后关头抓紧时间成交。

如何突破百人在线这一关

突破百人在线的关键是让直播内容吸引人。

一、用好首播 BUFF

对首播有好奇心的人有很多，我们不妨多强调几遍。当然，虽然大家对首播有一定的包容心，也不要透支，还是要以内容为主。例如：“家人们，欢迎来到我的首播！我是活力满满的乐乐，没想到直播间这么热闹，让作为新人主播的我非常感动！大家能听到我的声音吗？听到的打个‘能’好吗？我正在加热直播间，请无意间点进来的家人们稍作停留，因为我给大家准备了超多福利和惊喜。”

二、巧发福袋

在福袋设置口令，例如“关注了主播”“主播优秀”“加油”等，这些口令反复出现，有利于提高评论数据。但是不要设置一些太过随意的口令，以免那些缺乏重点的文字滚动起来，打乱直播间的标签。

设置好口令后，可以发几分钟的全民福袋，要让不加入粉丝团的用户也能抢到。随后，发 5 个人或者 10 个人参与的福袋，内含 10 抖币就可以，发 5~10 次即可，新人直播间不要发太多。过一段时间，再发一次，全场直播发 3 次就行了，同时配合话术来留人。这样操作后，争取百人在线还是比较容易实现的。

三、话术配合

发福袋利用了用户爱占便宜的心理，但是我们不要表达出这种意思，而是要用一些巧妙的话术给自己和观众“找台阶”。例如可以说："欢迎直播间的家人朋友、哥哥姐姐，今天是我人生中第一场直播，'抖爸爸'正在给我推人，为了接住这个流量，我决定给大家发福袋，大家记得参与一下。现在直播间在线人数还没有破百，大家基本都能领到，再次欢迎大家见证我的首播。下面我给大家讲述一下我如何勇敢开启了人生的第一场直播。"

直播间留人的七个技巧

很多主播遇到过这样的情况：直播开始时吸引了 3000 名观众进入直播间，但 20 分钟后只剩下不到 500 人，最终直播结束时，人数仅剩两位数，成交量也惨不忍睹。直播间是否能留住人影响的不仅是主播的人气，还会影响直播的收益，所以主播要想法设法把人留在直播间。

一、固定直播时间

稳定的直播时间表至关重要，这不仅有助于增加账号权重，还能培养忠实粉丝，让其习惯定时定点看你的直播，成为粉丝的"下饭直播""睡前直播"等。

二、做好直播预告

直播预告一般很短，作用却堪称举足轻重。优质的预告不仅能获取主题推广机会，还能影响广场推荐，间接提升直播间流量。在预告中提及你要分享的商品，有助于系统进行精准的用户匹配，获得更精准的用户流量。

三、吸引人的直播间封面

封面做得好，流量少不了。封面图片必须清晰，光线明亮鲜艳，拍摄主体要突出，主题要鲜明，跟直播卖货的主题搭配。

四、话题互动

直播间也有“黄金3秒钟法则”，就是主播在开播后的短时间内就要抛出一个吸引人的话题，否则那些随手点进来的观众就可能退出了。营造聊天儿氛围，引导粉丝互动，才能留住那些随便看看的观众。

五、举办粉丝活动

几乎所有的主播都有自己的粉丝群，主播可以多组织线上活动，如聊天儿、游戏或抽奖，以此增强粉丝黏性。也可以举办线下的互动活动，与粉丝近距离接触，让他们自发地为你进行二次宣传。

六、福利诱惑

各种福利、抽奖活动是留住观众不可缺少的方式，例如宣布：“今天咱们直播间给大家准备了超多优惠，每隔半小时就会有一轮抽奖。这些都是给直播间宝宝们的专属福利哟。”

七、有价值的内容

再次强调，留住观众的核心是直播内容。例如可以说：“有没有人在抖音上想要创业、想要赚钱，但不知道如何迈出第一步的呢？我们都知道抖音是个大蛋糕，但是却不知道怎么切，只能眼看着那些还不如我们的人日入三位数、四位数。不知道大家是不是想开播却又不敢尝试，或者开了播不知道该说什么、怎么互动？今天这场直播，我们就一起尝试解决这个问题。”

留住第一波流量的方法

在首播时，由于抖音的算法机制，新人主播都会迎来急速流量。如果能够留住这些初始流量，就能为直播生涯奠定一个良好的基础。

一、急速流量通常出现在开播后的 15 分钟内，这是初始流量；在开播一个小时后，数据相对较好的新人直播间会迎接推流时间为 5~10 分钟的流量小高峰；在大主播下播时，平台也会将人推给其他直播间，新人也可能迎来一批急速流。

二、新人主播看到进人速度这么快，可能因为兴奋、紧张而陷入忙乱，错过留下观众的时机。这样一来，就会看到系统提示大量观众进人，但显示的人数却稳定不下来，甚至最终为 0。

三、想要留住这波流量，不能盲目拉流量，建议发福利或红包，或者引导观众参与抽奖，并预告今天设置了几轮抽奖，来吸引观众停留。

四、如果观众对干货、话题或讲品不太感兴趣，但对故事感兴趣，可以用通俗易懂的话讲一些大家都感兴趣的故事，也可以介绍直播间可以提供的价值等。

五、第一波流量是对主播能力的严峻考验，就算留不住也不用灰心，沉下心来做就能在摸索中逐渐进步。

第五章

直播进阶指南

如何打造好主播人设

主播如何提高粉丝黏性

怎么锻炼口才

绿幕直播实操

如何打造好主播人设

打造一个独特且吸引人的人设能让你在众多主播中脱颖而出，哪些人设比较受观众欢迎呢?

一、专家型

这类主播在某一领域、某一行业、某一学科、某一技艺上的造诣较高，能解决问题、输出专业知识，成为观众学习的对象和榜样。

二、知己型

这类主播往往能让观众吃一颗“定心丸”，给人可靠感，能够通过情感共鸣建立信任，立稳“闺蜜”“好兄弟”等陪伴式人设。

三、偶像型

有着出众的外在形象、才艺或者走在时尚潮流前沿的主播，能够打造出偶像型人设。

四、搞笑型

这类主播能够以幽默风趣的语言和夸张搞笑的表演风格来活跃直播间气氛，给观众带来欢乐，有效缓解观众的压力。

那么，想要打造独具特色的人设，该从哪些方面入手?

一、挖掘自己的核心优势

深入分析自己的外表、性格、特长、学习历程、工作经验、生活经历、独特才能、个人荣誉等，提炼出自身的闪光点，方便用户记忆。

二、添加反差属性

找到核心优势后，可以有意地为自己添加一些反差属性，让闪光点更加突出。例如对于相貌优秀的主播，可以为自己增加在外表上不拘小节的属性，让观众更容易亲近。

三、名字或网名要贴合人设

取一个贴合人设、朗朗上口的名字，会成为观众的重要记忆点。

主播如何提高粉丝黏性

直播营销的核心在于将粉丝转化为消费者，这需要建立在信任的基础上。只有提高粉丝黏性，才能让他们产生购买行为。那么主播应该如何提高粉丝黏性？

一、获取信任

主播必须拒绝欺骗行为，并保持诚信。同时要尽量在固定时间直播，避免随意变更且不做预告，否则再有耐心的粉丝也有可能脱粉。

二、打造专业形象

凭借专业知识打动粉丝、解答疑问、提供合理建议的主播，粉丝黏性都比较高，因为粉丝能够从他们这里获得价值。因此我们在确定自己的直播类型之后，就要钻研相关知识。例如，美妆主播要掌握大量化妆小技巧，能够打造出新颖的妆容；服饰主播要善于进行穿着搭配，帮助粉丝提升魅力等。

三、根据用户需求进行直播

直播交互性要求主播根据用户需求调整内容，善于满足用户诉求的主播才能提升下单概率。

四、利用粉丝群、微博等扩大影响力

可以在粉丝群、微博等平台发布内容，加深粉丝对我们的了解，同时及时回复粉丝消息，在短视频、直播之外提供与粉丝互动的机会。

怎么锻炼口才

想当一名好主播，没有好口才是不行的。口才虽然有先天因素，但后天的锻炼也是必不可少的。下面介绍几种锻炼口才的方法。

一、直接背书

新主播想要锻炼口才，不妨直接拿着书本，背一些故事、小说段落乃至古诗词。背熟后，用自己的话向别人复述一遍，讲得八九不离十即可。在反复背诵的过程中，我们的口才和语感都会得到提升。

二、模仿同行

模仿同行是锻炼口才的重要手段，可以将每天看别人直播当成必修课，特别是那些形象、定位与自己类似的主播，模仿对方的表达方式、讲话技巧、肢体语言等，并尝试将其融入自己的表现形式中。

三、对着镜子练习

对着镜子练习直播，能够看到自己说话时有怎样的语调、眼神、

表情、肢体语言等，不断优化改进，能够提升你在直播间的表达效果。

四、多进行试播

在正式直播前，可以进行试播，邀请亲戚朋友或同事来捧场，不要当成玩笑，而是模拟一场真正的直播，积极互动、介绍、催单等，并主动请这些“内测观众”提出意见。

绿幕直播实操

很多主播，特别是个人主播，会因背景布置而大伤脑筋，担心因为背景不好看而影响观众的观感。这时，可以考虑使用抖音直播伴侣的绿幕直播功能，不仅能节省装修成本，还能带来多样化的直播场景。不过在电脑上下载抖音直播伴侣并进行直播的前提是粉丝数量超过1000人，尚未达标的读者可以提前“预习”一下操作方法。

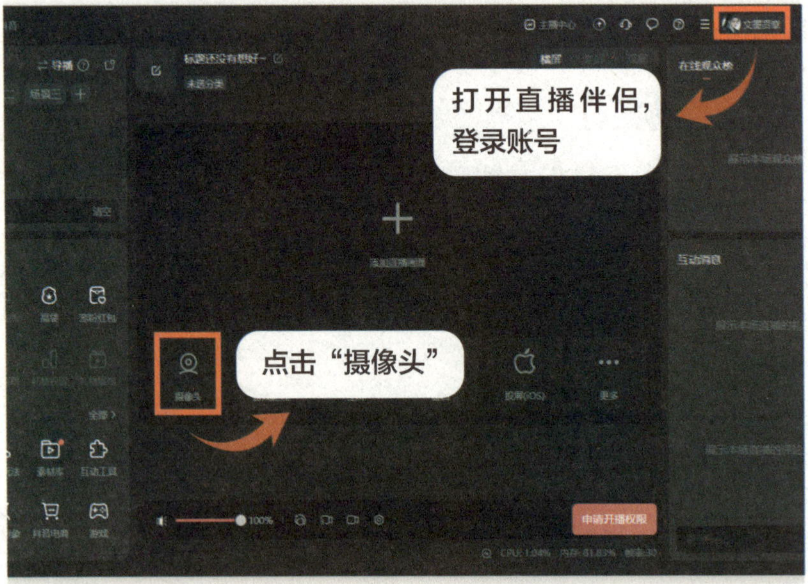

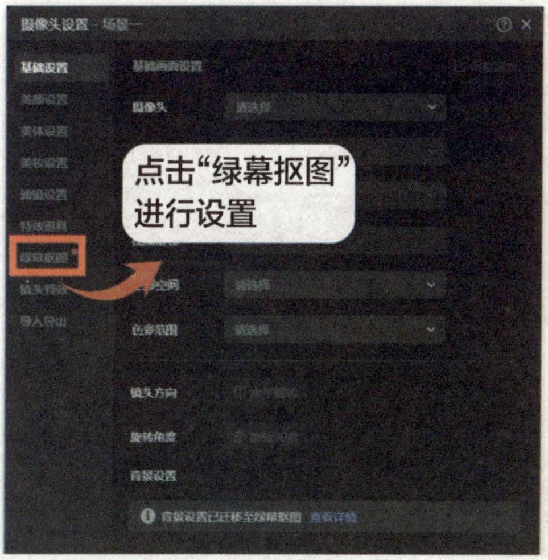
摄像头设置 - 场景一
基础设置
摄像头
点击“绿幕抠图”进行设置
色彩范围
镜头方向
旋转角度
背景设置

互动玩法
全部 >
福袋
点击“素材库”
直播工具
全部 >
直播设置
游戏玩法
素材库
互动工具
虚拟形象
抖音电商
游戏

素材库
视频
绿幕场景
预览面板
全部
绿幕背景
综艺
边框
节日包装
庆祝
也可使用“绿幕背景”
点击“绿幕场景”
临海之居
海景客厅
窗外沙滩
净白之室
自然居心
原木卧室
几何视界
海风吹拂

素材库
视频
绿幕场景
预览面板
全部
绿幕背景
氛围
感谢
综艺
边框
节日包装
庆祝
此处可预览
临海之居
海景客厅
窗外沙滩
净白之室

第六章

AI 数字人技术

怎么制作 AI 数字人

怎么用 AI 数字人实现变现

AI 数字人直播实操

利用 AI 设计 24 小时轮播话术

规避封号的 24 小时无人直播技巧

怎么制作 AI 数字人

许多厂商都盯上了 AI 数字人这一风口，目前多需要付费使用。不过抖音旗下的剪映 App 也有免费的 AI 数字人可供新手入门学习。

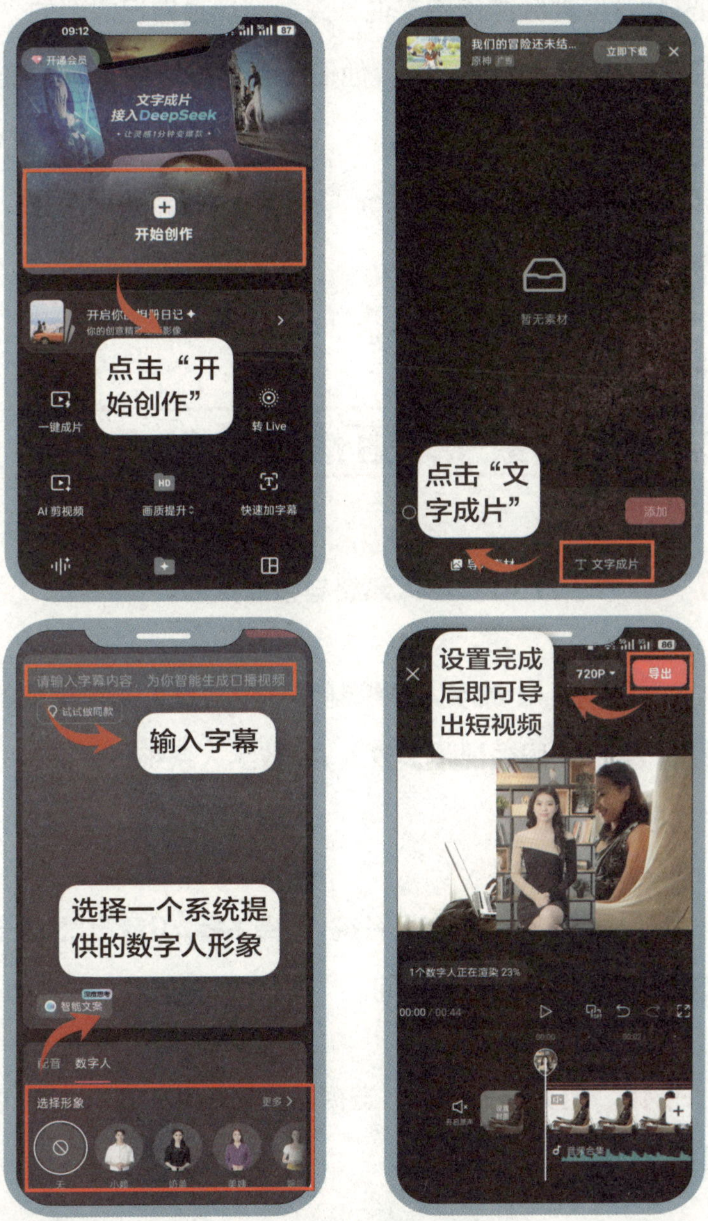

怎么用AI数字人实现变现

制作 AI 数字人短视频时，可以输入话术，对橱窗中的商品进行讲解，并穿插商品展示画面。

制作手法娴熟后，5 分钟左右即可生成一条带货短视频，对于部分浏览到这些视频的用户来说，只要商品是自己需要的，主播是真人还是 AI 数字人并不重要，他们都会进行下单，我们就可以得到佣金。

每天发布 3~5 条短视频进行“轰炸”，一旦获得流量，就可以趁势进行直播带货了。

AI数字人直播实操

第一步 下载 AI 数字人系统与直播伴侣。

第二步 在 AI 数字人系统制作一个与真人高度相似的 AI 数字人形象，录制一段短视频，放入 AI 数字人系统，等待生成 AI 数字人主播形象。

第三步 打开 AI 数字人系统，选择主播，设置背景、上传话术、设置直播间互动等，生成直播间。

第四步 打开直播伴侣，选择真实摄像头，就可以开始 AI 数字人直播了。

下面就是一个数字人制作平台的界面。

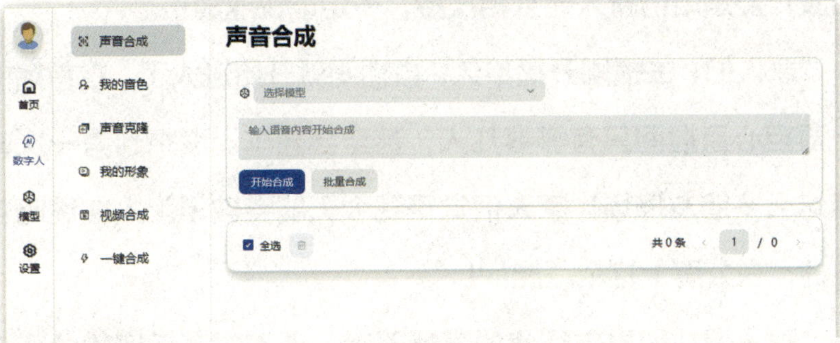

利用 AI 设计 24 小时轮播话术

打开 DeepSeek，输入“请为我设计 24 小时轮播话术”等关键词，根据系统提示不断添加关键词，收集 AI 设计的话术，添加到 AI 数字人系统中，不断优化话术。

下列话术可提供给 DeepSeek，供 AI 参考。

“欢迎大家来到我的直播间，主播刚刚开播，感谢所有走过路过直播间的家人们，今天是我的首播，也是我人生中的第一次直播，希望大家多多支持！”

“家人们，先别急着划走！主播正在热场，努力吸引第一波流量。只有及时加热直播间，后续才会有源源不断的观众进入。大家不妨留在直播间，听听我分享的暖场话术。”

“有没有小伙伴想开播，却迟迟不敢行动？或者开播后不知道该说什么，一开口就紧张尴尬，陷入冷场？有的话在公屏上扣个‘有’。很多人不敢开播，是不是因为没话说、不会说、缺乏直播内容？今天刷到我的直播间，就是一次难得的机会，我会毫无保留地分享整场直播大纲和实用话术。”

“别再去大主播那里当背景板了！在我们新手村，每个人都是潜力股！要是咱们新人能互相扶持，一定能快速成长。”

“家人们，主播刚开播不久，直播间就开始进人了。在首播前，我一直担心直播间只有寥寥几人，甚至会翻车。没想到第一次直播就有这么多朋友捧场！家人们觉得我今天能突破 50 人在线吗？觉得能的，在公屏上打个‘能’！”

“家人们，如果觉得我的直播不错，请不要吝惜您的分享，让更多的人了解和支持我。非常感谢大家的每一份关注和陪伴！”

“欢迎新进直播间的宝宝们！哇，这么多人一下子涌进来，看来主播是被幸运之神眷顾啦。我是你们的新主播，今天直播间超有料哟，大家一起嗨起来！”

“屏幕前的家人们，咱们一起互动起来！觉得今天福利给力的，扣个 666，让我看看你们的热情。现在我会在评论区抽取幸运宝宝，直接免单！还没关注的家人们，赶紧点个关注，加入粉丝团，后续福利一个都不会少。”

“好了，今天的直播就要接近尾声了。希望这些话术能够真正帮助到每一位有需要的朋友。我们下次直播再见！”

规避封号的 24 小时无人直播技巧

无人直播容易违规封号，还是尽量不要采用，如果想尝试一下，一定要掌握以下技巧，规避封号风险。

一、素材防重复

精心准备 5 段左右时长不同且均在 40 分钟以上的原创 AI 数

字人口播短视频，随机组合播放，确保不会单调重复。建议在原视频中叠加画中画，将画中画的透明度调至 5%，锐化调色，添加背景音乐，但音量要低于主音频。

二、优化互动体验

提前梳理直播间常见的高频问题，如“价格”“优惠”等关键词，适时加入“右下角领福利”“扣 1 优先发货”等互动话术，设置好 AI 自动互动回复，营造真人互动氛围。

三、规避录播嫌疑

在直播画面角落展示动态时钟，实时显示真实的日期和时间，同步播报实时天气。

四、直播时段规划

单场直播控制在 2 小时以内，每天直播 3~4 场，间隔期及时更换素材。账号权重提升后，再逐渐拉长时长。

第四篇

成交话术攻心计：高转化沟通模板库

第一章

照读话术

首播照读话术三步走

接急速流量照读话术

夸人、感谢照读话术

大主播常用爆款金句

能提高留人概率的顺口溜话术

借用 DeepSeek 生成个性化直播话术

首播照读话术三步走

一、欢迎：对进入直播间的观众表示欢迎

照读话术："欢迎 XX，欢迎来到 XX（主播的昵称）的直播间，进来的家人可以在直播间稍作停留，主播唱歌真的很好听。"

二、互动：引导观众评论

照读话术："进入直播间的家人们，你们能听到主播说话的声音吗？如果能听到，请在公屏上打一个'能'字，好不好，感谢家人们的回复。"

三、抛价值（引共鸣 + 抛话题）：告诉大家自己是有内容的主播，能给大家带来价值。

照读话术："（引共鸣）家人们你们想不想在抖音上创业？想不想在抖音上赚米？想不想知道如何迈出第一步？想的打个'想'字。有没有想开播不敢开播，开了播又不知道说什么而感到紧张尴尬导致冷场的？有的请在公屏上打个'有'字。看到很多主播在抖音上日入 3 位数 4 位数，但自己却迟迟做不起来。不要沮丧哟！公屏上打'有'的家人们，相互抱抱，大家一起学习，一起赚米。（抛话题）家人们，我今天开直播是做了充分准备的，可不是盲目开播。在开播之前的半个月我一直在学习，我亲眼看到越来越多的普通人都把直播间做起来了，有的做到了几百人，有的

做到了几千人，有的甚至做到了几万人，他们每天都有四位数，甚至是五位数的米进入腰包。为什么呢？因为现在‘抖爸爸’一直在扶持我们普通人来平台创业。家人们，如果到现在你还没有开直播，或者是恐播不敢迈出第一步，或者是你的直播间还停留在个位数，今天都可以在我的直播间里听一听我的分享，来见证一下我的直播间是怎么做的，看看我们今天能不能再次突破成一个 35 人或者是 50 人的直播间，看看我是怎么在直播间里赚米的，好吗？”

接急速流量照读话术

一、抛价值：抛一个“钩子”话题，把人钩住

话术示例：“欢迎家人们进入我的直播间。今天是我的首播，我才开直播，‘抖爸’就给我推了这么多家人。非常感谢！我虽然是个新人，但是我有信心首播就能突破百人的大关，因为开播前我就做好了充分的准备。大主播们都说首播并不难，我也亲眼见证了很多新人抓住开播前的 10 分钟把流量峰值拉上去了。法宝就是一套新人直播的通用方法，这套方法包括如何开播，如何转场，如何利用人工干预带来8000个人看自己首播。不管你是宝妈还是宝爸，有没有经验，只要你想学，就在公屏上打个‘想’字，我来给大家实操一遍。听完了，觉得有用直接拿去用。今天我只讲一遍，只讲五分钟，不要错过哟。”

二、挖新人的痛点，产生共鸣，有共鸣有停留才会有推流

话术示例："家人们，你直播过吗？如果直播过，请打'1'，没有，就打'2'。如果你恐播，一直不敢开播，或者是开播了但一直突破不了个位数，今天就留下来听一听我的分享吧，一起来见证我今天首播能不能突破个位数。如果你现在还不敢播不会播，或开播了不知道说什么，就打'666'，我们交个朋友，感谢你今天来支持我！等你开播时我去帮你做数据。如果今天你见证我把直播间做起来了，那么你开播时就可以把我的方法跟话术直接拿去用。如果我今天翻车，那你以后开播也可以避开这些坑。"

夸人、感谢照读话术

一、新观众破冰夸

话术示例 1："欢迎爱吃草莓的小丸子！你的头像让我想起昨天助农直播的丹东草莓，这么会选品的小可爱必须给个灯牌呀！"

话术示例 2："杭州靓仔哥哥进直播间了！这名字一看就是颜值实力双 TOP，不信你扣 1，让姐妹们验证下！"

二、老粉激活夸

话术示例 1："榜二'姐要暴富'连蹲 7 场了！从第一次进来不敢说话到现在弹幕控场，这就是养成系大佬的排面！"

话术示例 2：“‘程序员老陈’又带着咖啡来监工了！从第 1 场 98 人在线陪我到现在的 10w+，元老级股东值得一波‘致敬老陈’刷屏！”

三、开场感谢

话术示例 1：“感谢家人们准时来到直播间！看到这么多熟悉的名字，真的超级感动！”

话术示例 2：“欢迎新朋友！点关注的宝子们都是真爱，待会儿有福利送给大家哟！”

四、互动感谢

话术示例 1：“弹幕刷得太快了，但每条我都看到啦！谢谢 XX、XX（点名）的暖心留言！”

话术示例 2：“刚才跳完舞看到满屏的‘666’，真的超有成就感！爱你们！”

话术示例 3：“谢谢‘熬夜冠军’的点赞！熬夜看直播的宝子们，建议把‘保护头发’打在公屏上！”

五、收到礼物感谢

话术示例 1：“感谢‘干饭人小张’送的粉丝灯牌！你这 ID 一看就是同道中人，下播一起约火锅呀！”

话术示例 2：“谢谢 XX 的礼物！你们夸我唱歌好听，其实你们的鼓励才是我的动力呀！”

话术示例 3：“谢谢 XX 送的火箭 / 嘉年华！你的名字我记住啦，必须给你比个心！”

话术示例 4：“感谢‘甜甜’的浪漫热气球！这波直接带全体

姐妹云旅行，建议姐夫下次真订土耳其机票！”

话术示例 5：“‘林总’的保时捷到位了！这车钥匙声我先录下来当闹钟，明天早起给金主爸爸们选品！”

六、下播感谢

话术示例 1：“今天直播真的超开心！感谢所有陪伴我到现在的家人，咱们下次不见不散！”

话术示例 2：“最后 3 分钟，想听我说什么的扣‘1’！没点关注的记得点个关注，下次开播第一时间通知你！”

大主播常用爆款金句

1. 如果事与愿违，就相信上天一定另有安排；所有失去的都会以另一种方式归来。

2. 想得再多不行动，都是枉然的。永远不要嘲笑那些还没成功却仍在努力的人，一个人的潜力是无限的，坚持总会成功的。

3. 先成为自己的山，再找到内心的海。

4. 我坚信现在付出的努力或许不会立马有回报，但总有一天会有所收获！这也是我说服自己不要过于放纵的理由！

5. 年轻人必须要折腾，成功不是先有钱，而是先有胆。

6. 生活不是等待风暴过去，而是学会在风雨中翩翩起舞。

7. 人生如旅，步伐不必太快，只要方向正确，总会遇见美好。

8. 成年人的世界：关关难过关关过，事事难熬事事熬。

9. 在爱他人的同时，也别忘了好好爱自己。

10. 总会有人穿越汹涌的人潮，来到你的身边。

11. 我将始终忠于自己，追求理想，同时珍爱身边的人。

12. 我贪恋的人间烟火，一半是山川湖海，一半是你。

13. 人生是很累，你现在不累，以后会更累；人生是很苦，你现在不苦，以后会更苦。唯累过方得闲，唯苦过方知甜。

14. 现实会告诉你，不努力就会被生活抛弃，无需找什么借口，一无所有就是拼搏的理由。

15. 成年人的崩溃：手机静音，朋友圈三天可见，工资到账即清零。

16. 食物不止能治愈胃，还有凌晨三点的心碎。

能提高留人概率的顺口溜话术

1. 新号开播第一天，全场福利炸翻天！

2. 没抢到的家人别走开，下一波福利更厉害！

3. 扣 666 的家人看这里，截图抽免单惊喜！

4. 没扣的赶紧扣起，下一个锦鲤就是你！

5. 左上角福袋马上开，手机平板随便带！

6. 点赞点到 999，再加 10 单 1 块 9！

7. 你拍一，我拍一，公屏上面扣个七。

8. 欢迎新进的朋友，不要着急就划走。

9. 肤白貌美大长腿，认识大家不后悔。

10. 千山万水总是情，交个朋友行不行。

11. 百年修得共枕眠，刷刷羽毛不要钱。

12. 如果一毛都不花，什么时候当上家。

13. 点关注不迷路，主播带你抢好物！

14. 点赞关注不迷路，主播带你上高速。

15. 进门不要排排站，点点屏幕戳戳赞。

16. 如果进门不点赞，你就是个小坏蛋。

17. 锄禾日当午，点赞不辛苦。

18. 两岸猿声啼不住，大家一起点关注。

借用 DeepSeek 生成个性化直播话术

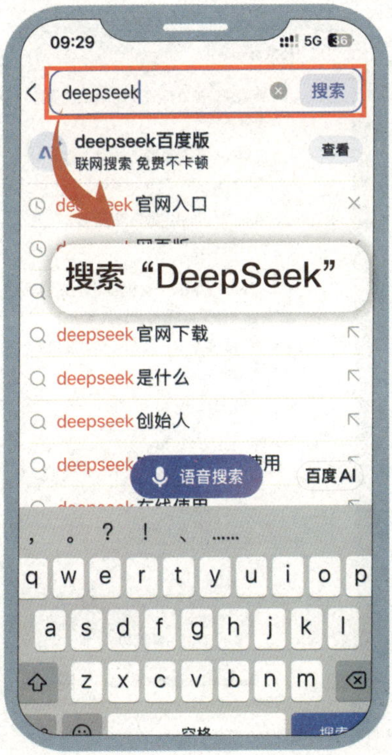

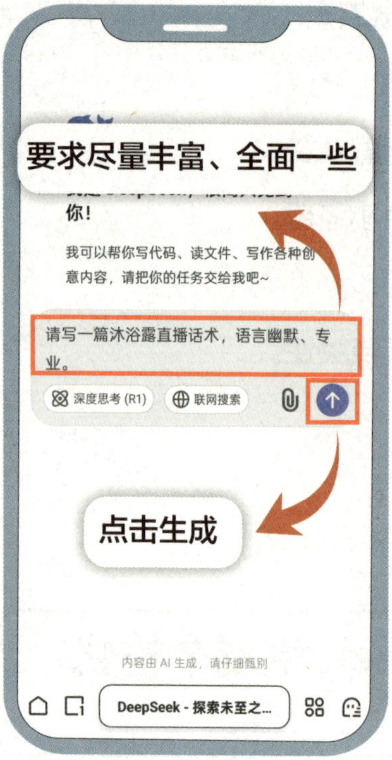

要求尽量丰富、全面一些
你！
我可以帮你写代码、读文件、写作各种创意内容，请把你的任务交给我吧~
请写一篇沐浴露直播话术，语言幽默、专业。
深度思考 (R1)
联网搜索
点击生成
内容由 AI 生成，请仔细甄别
DeepSeek - 探索未至之...

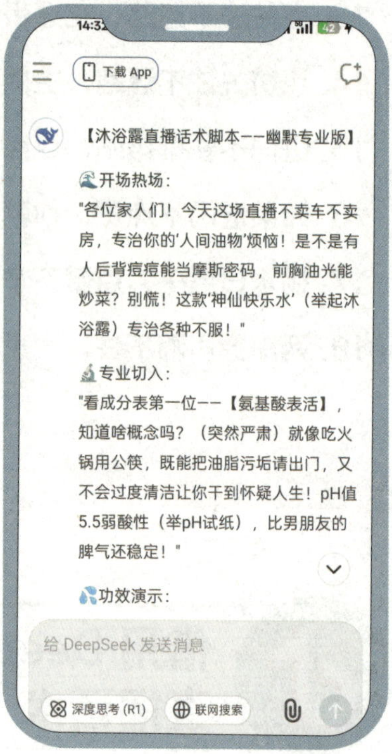

下载 App
【沐浴露直播话术脚本——幽默专业版】
开场热场：
"各位家人们！今天这场直播不卖车不卖房，专治你的'人间油物'烦恼！是不是有人后背痘痘能当摩斯密码，前胸油光能炒菜？别慌！这款'神仙快乐水'（举起沐浴露）专治各种不服！"
专业切入：
"看成分表第一位——【氨基酸表活】，知道啥概念吗？（突然严肃）就像吃火锅用公筷，既能把油脂污垢请出门，又不会过度清洁让你干到怀疑人生！pH值5.5弱酸性（举pH试纸），比男朋友的脾气还稳定！"
功效演示：
给 DeepSeek 发送消息
深度思考 (R1)
联网搜索

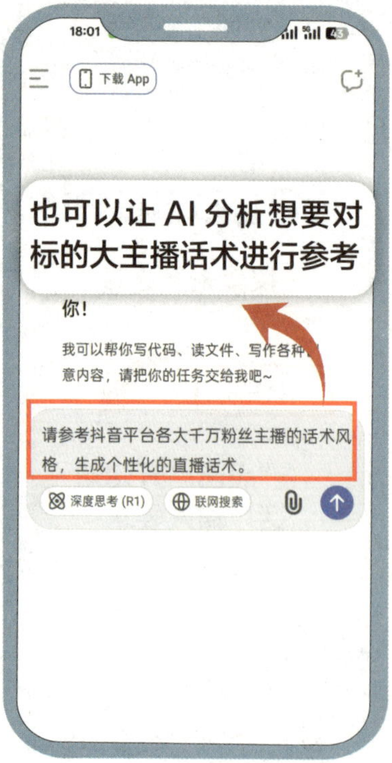

下载 App
也可以让 AI 分析想要对标的大主播话术进行参考
你！
我可以帮你写代码、读文件、写作各种创意内容，请把你的任务交给我吧~
请参考抖音平台各大千万粉丝主播的话术风格，生成个性化的直播话术。
深度思考 (R1)
联网搜索

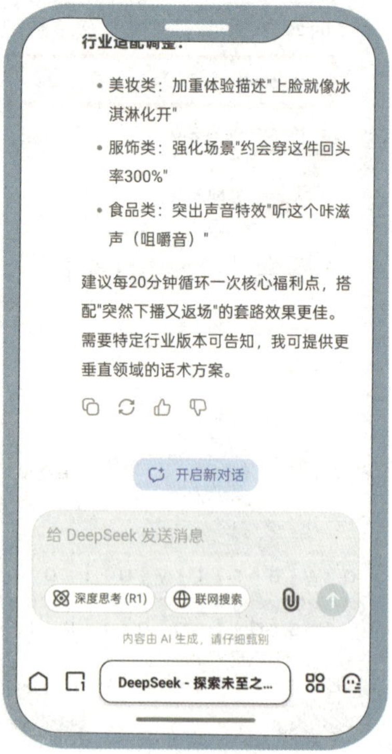

• 美妆类：加重体验描述"上脸就像冰淇淋化开"
• 服饰类：强化场景"约会穿这件回头率300%"
• 食品类：突出声音特效"听这个咔滋声（咀嚼音）"
建议每20分钟循环一次核心福利点，搭配"突然下播又返场"的套路效果更佳。需要特定行业版本可告知，我可提供更垂直领域的话术方案。
开启新对话
给 DeepSeek 发送消息
深度思考 (R1)
联网搜索
内容由 AI 生成，请仔细甄别
DeepSeek - 探索未至之...

第二章

直播话术公式

首播开场话术公式

喊人进直播间话术公式

引起情绪共鸣话术公式

直播拉流量话术公式

首播开场话术公式

首播开场公式：讲感受 + 自我介绍 + 造氛围

一、讲感受：讲得越真实，效果就越好

话术示例："大家好，欢迎家人们来到我的直播间。我是你们的主播XXX（主播昵称）。今天是我的首播，是我人生中的第一场直播。真是激动啊！手心都冒汗了！我先做个深呼吸，调整一下这无比激动的心情……（稍作停顿，做出深呼吸的动作）好的，现在感觉好多了！"

二、自我介绍：围绕我是谁、为什么来开直播两个话题进行介绍

话术示例："那么，先让我简单介绍一下自己吧。我叫xx，是一个热爱XX（具体爱好，如旅行、美食、美妆、游戏等）的普通人。我也是在无意间刷抖音的时候，看到了很多普通的宝妈宝爸都开直播了，于是自己也想来试一下。我来自xx（报地名），直播间里有没有我老乡呢？家人们，你们都是来自哪里呢？大家在公屏上打出来，互相认识一下。我希望通过我的直播，和大家分享我的所学、所感和发现，还有一些让生活变得更加有趣的小秘密！"

三、制造氛围：通过寻求鼓励等方式营造热闹的直播间氛围

话术示例："真是做梦也想不到，像我这样的普通人，也对着镜头干起了直播。今天是我开播的第一天。来到我直播间的所有家人们，你们能给我这个新人小白一个鼓励吗？帮我在公屏上打一个

‘加油’好不好？谢谢大家！同时，我也超级期待大家的积极参与，不管是弹幕留言，还是礼物打赏，我都‘来者不拒’，都是我前进的动力！感谢直播让我们在这里相遇！好了，废话不多说，接下来，让我们正式开始今天的直播吧！”

喊人进直播间话术公式

公式：引发好奇+适当造势+见证

一、引发好奇：描述自己当前的情绪，引起大家的好奇

照读话术示例：“欢迎进入我直播间的所有家人，今天是我人生中的第一场直播，手都在发抖！说实话，开播前我躲在一旁深呼吸了十分钟——作为一个普通宝妈，我做梦都没想到首播能有这么多家人来捧场！（捂胸口）看到满屏的‘加油’，我真的快哭了！所有宝妈姐妹扣个‘1’，让我看到你们好吗？”

二、适当造势：自信满满的状态最能吸引人的眼球

照读话术示例：“今天是个大日子，请立马进入你们眼前这个直播间，现在！立刻！马上！我要带你们见证奇迹！家人们，请记住这个时间：XX 点 XX 分！与其听大主播画饼，不如跟着我实战！左上角点关注，前 50 位点亮灯牌的家人，下播后私信送你 XXX！最后 10 秒，公屏扣‘破局’的，我再加赠 XXX！”

三、见证：让大家参与见证更具有说服力

“天哪！我的直播间又上人了。首次直播平台就给我推了这么

多人！感谢‘抖爸爸’，感谢我直播间的所有家人。看！还在上人，见证的家人，请在公屏上打个‘见证’。”

引起情绪共鸣话术公式

话术公式：高效的自我介绍+引发共鸣+拉峰值

一、高效的自我介绍：吸引感兴趣的观众来围观

话术示例：“欢迎走进我直播间的家人们，可能很多人是冲着标题写的‘二胎宝妈逆袭秘籍’点进来的，别急！10分钟后绝对给你大惊喜！我是XX（地名）的一名宝妈，请在公屏打城市名，让我看看有多少同城的姐妹！马上给同城家人加赠神秘小礼物！”

二、引发共鸣：引发情绪共鸣是产生观众停留的关键

话术示例：“三个月前我还和大家一样，每天一闲下来就抱着手机瘫在沙发上刷搞笑视频，直到刷到一个河南宝妈——她没才艺没团队，直播间从7个人做到1700人在线！于是我偷偷记下她的3个留人绝招儿，就想来尝试一下。开播前我到处学，看到大主播们口才好能力强，真是佩服不已。有没有跟我一样的，有的打个‘1’。”

三、拉峰值：提高直播间的人气，同时进行互动，以吸引更多的观众，从而达到直播间人气的高峰

话术示例：“今天我之所以敢坐在这里开播，是因为我刷到了很多像我一样的新人，他们的直播间没有大喊大叫，也不搞什么‘新奇特’，人家就用了一套简单的小方法，首播就突破了千人百人。接下来我把这个方法分享给家人们，如果你也想在抖音上创业，就打个‘1’。”

直播拉流量话术公式

公式：抛结果+讲剧本+做数据

一、抛结果

照读话术示例:“家人们，今天是我直播的第二天，你们知道吗?在昨天的首播里，我只用了一个不露脸的照读方式，就让直播间当天突破了三十人在线，最主要的是成功变现了。”

二、讲剧本

照读话术示例：“家人们知道吗？我就是一个普通的宝妈，通过一个不露脸的简单剧本，每天在直播间播上两三个小时。你们看，我的直播方式是不是很简单？来，认为简单的话，咱就在公屏上打个‘简单’，就是这么轻轻松松地照着读，照着念。来，新进来的家人们，你们想不想一起做，想的话，咱齐刷刷地打一波‘想’。”

三、做数据

照读话术示例：“来，家人们。有没有想要这个剧本的？有的打个‘有’字。今天来到我直播间的家人们，人人都有份儿，这可是合订版纸质资料，三百多页，看到了没有？来，看到的打个‘看到’。宝宝们，这可是咱们新手做抖音的必备教材，今天想要的看好了，要怎么领取呢？第一步，先给主播点个关注，然后把我头像旁边的小黄心点开了，亮一个粉丝大灯牌！来，宝子们，这里有粉丝群三个字，点开它申请加入到粉丝群来，主播下播后，就会免费送给大家了！申请了的回来打个‘进了’。”

第三章

高效成交话术

直播带货促单话术

直播带货万能留人话术

用 AI 情感分析优化话术，精准把握观众情绪

直播带货促单话术

一、泡茶壶话术

“这款泡茶壶是自家工厂生产的！商场同款卖 199，今天直播间 39.9 米给家人们带回家！点关注达到 20 人后，马上上链接！平时煮茶总溢出来？不用担心，这款是有防烫防溢设计的，小白也能用！评论区扣‘需要’的观众立马下单再送茶漏三件套！只有今天首播才有这福利！”

二、猫屎糖话术

“家人们！全网爆火的猫屎糖终于到货了！名字很奇葩，但是味道绝了！点击关注立马解锁神秘口味！今天直接砍到地板价！超市卖 39.9 米一包，今天直播间新人专享价，10 包只要 29.9！前 50 单再送试吃装，手快有，手慢无！吃过猫屎糖的扣‘666’，没吃过的扣‘好奇’，我现场拆包给你们看！”

三、口红话术

“家人们，这款口红可是断货王哟！纯植物提取，上嘴不发干，今天直接给你们打 5 折！点关注、加粉丝团，还抽 3 位宝宝送正装哟！通勤、约会、见家长，这支豆沙色全搞定！还想要哪个色号，快在评论区告诉我，我给优先试色！库存只剩最后 20 支！ 3 分钟后恢复原价，现在下单还送美妆蛋！”

四、魔芋爽话术

“欢迎来我直播间的兄弟姐妹们！今天给你们带来一款超级适

合减脂期和追求健康生活方式的美味小零食——我们的明星产品'魔芋爽'！简直就是零食界的"作弊神器"！它的热量低到能起飞！无论是香辣口味还是泡椒口味，每一口都能让你感受到味蕾在舌尖上跳舞的快感！QQ 弹弹，辣到嘶哈嘶哈还停不下手，比啃鸭脖还上头！追剧时嗦它，热量全甩给反派！半夜饿到啃被子？魔芋爽直接堵住馋虫的嘴！倒数 30 秒上车！"

五、国风包包话术

"姐妹们，今天这个包包背上身，你就是行走的'东方美人图鉴'！我们不追大牌，我们就是国潮本身！咱家国风包包是老祖宗审美和 00 后潮人 DNA 的完美融合，把'国货之光'打在公屏上。看这包面刺绣，祥云绕鹤、青花缠枝，是不是像从古画里走出来的一样？每一针每一线都融入了传统工艺，比如苏绣、云纹、青花瓷元素……真的是太惊艳了！现在国货真的越来越优秀了！以前我们总觉得国外品牌才高级，但现在看看，咱们中国设计师做的包包不仅质量过硬，而且文化内涵满满，这才是真正的'中国智造'！这包价格狠过双十一！原价 399，今天直播间只要 99！少喝几杯奶茶，就能把江南烟雨背在肩上！"

直播带货万能留人话术

一、万能留人公式：3 个钩子 +2 个动作 +1 个理由

（一）3 个钩子

1. 福利钩（送什么）。话术示例："所有人停一下！三个动作

教你白拿价值 198 元的洗脸仪。”

2. 价值钩（省多少 / 学什么）。话术示例：“这是我压箱底的渠道价，比旗舰店便宜 60%。”

3. 情绪钩（共鸣点）。话术示例：“我知道学生党攒钱难，所以今天哪怕不买也教你省钱攻略！”

（二）2 个动作

引导关注 + 引导互动，两个动作缺一不可！

话术示例：“左上角先点关注，评论区扣‘捡漏’锁定资格。”

（三）1 个理由

给观众立即停留的充分动机。

话术示例：“因为品牌方在实时监控数据，人数不够福利就会取消！”

二、黄金 3 秒开场话术——立刻抓住眼球

（一）悬念制造

话术示例 1：“所有人先别走！ 3 分钟后抽 100 元现金红包，但必须满足 3 个条件。”

话术示例2：“今天我要曝光一个行业内幕，99%的人都不知道！”

（二）反向刺激

话术示例 1：“如果你没耐心听完 30 秒，可能错过今年最大的福利！”

话术示例 2：“这个价格只有老粉能看懂，新来的建议先观察 10 秒再决定买不买。”

（三）精准筛选

话术示例 1：“家人们注意！今天只给女性粉丝发福利，男生可以划走！”

话术示例 2：“月薪低于 5000 的宝子一定要留下，教你用 10 块钱过出大牌生活！”

三、中途留人话术——持续制造停留理由

（一）福利锁定

话术示例 1：“现在直播间在线人数满 100 人，立刻加赠价值 XX 元的赠品！已经 93 人了，还差 7 个！”

话术示例 2：“左上角点关注的第 50、100、150 个人，直接送免单资格，后台实时监控！”

（二）互动捆绑

话术示例 1：“打‘要福利’的人越多，赠品加得越多！现在已经有 68 人了，满 100 人我再加一重惊喜！”

话术示例 2：“评论区告诉我你是什么肤质，油皮扣‘1’，干皮扣‘2’，我根据人数调整讲解顺序！”

（三）时间紧迫话术

话术示例 1：“这个机制只有今天有！再过 8 分钟无论还剩多少库存都下架！”

话术示例 2：“我数到 10，再不抢真的没机会了！1、2、3……（配合快速手势）”

四、防流失话术——观众想走时强干预

（一）痛点刺激话术

话术示例 1：“你现在退出，相当于白扔了 200 块钱！下一款产品比你现在看的价格还便宜 50%！”

话术示例 2：“有没有发现你总买不到划算的东西？因为没掌握直播间蹲福利的诀窍，给我 30 秒教会你！”

（二）情绪共鸣话术

话术示例："我知道很多宝妈赚钱不容易，所以今天哪怕不买，也一定要教会你怎么用最低成本养好娃！"

用 AI 情感分析优化话术，精准把握观众情绪

一、数据采集

（一）直播弹幕 / 评论：实时采集观众互动文本，如提问、吐槽等。

（二）主播语音转文本：使用 ASR 等语音识别技术将主播的话术转为文字。

（三）行为数据：记录观众的点赞、礼物打赏、停留时长、转化率（如商品点击 / 购买）等。

（四）行业定制

带货直播：重点识别价格敏感、商品质量担忧、促销兴奋感。

游戏直播：关注技术赞叹、挫败感、互动欢乐度。

才艺直播：捕捉氛围感染力、观众共鸣强度。

二、预处理

清洗数据：去除广告、重复内容、特殊符号等。

三、构建情感分析模型

（一）预训练模型：使用 BERT、RoBERTa 等微调直播领域的文本数据。

（二）实时分析 API：调用云服务（如腾讯云 NLP、阿里云情感分析）快速部署。

（三）自定义模型：基于 LSTM / Transformer 训练行业特定模型，适应网络用语、方言等。

四、多维度分析

（一）观众情感：分析弹幕 / 评论的情绪倾向。

（二）主播情感：检测主播语气（如热情、疲惫、紧迫感）对观众的影响。

五、观察实时情绪热力图

（一）动态情绪地图：将直播时间轴与观众情绪波动可视化，标记关键节点。

（二）峰值：主播抛出福利、讲段子时观众兴奋度飙升。

（三）低谷：商品介绍冗长、话术重复导致观众流失。

（四）情绪传播分析：追踪负面情绪的扩散路径（如某条弹幕引发群体吐槽），及时干预。

六、关键话术与情感关联分析

（一）高频词提取：识别主播话术中的核心词汇，如促销词、互动提问、故事性内容。

（二）情感行为关联：统计不同话术对应的观众情感，如“限时折扣”可能引发兴奋，但过度使用会导致负面情绪。

（三）结合行为数据：如某句话术后打赏激增或观众流失。

（四）时间序列分析：观察话术节奏。如开场 30 分钟需高频互动，结尾需强化转化话术。

七、实时优化策略

（一）动态情感看板：实时显示观众情绪热力图，标记负面评论高峰时段。

（二）预警系统：当负面情绪超过阈值时，提醒主播调整话术。

（三）智能话术推荐

1. 根据当前情感状态推送备选话术。示例：观众疲惫时插入幽默段子。

2. 转化率低时强化福利话术。示例：当检测到“价格太贵”弹幕时，推荐主播回应“今天下单额外赠送 XX 福利”等。

八、话术优化建议

（一）共情表达：使用“大家是不是也遇到过……”“我懂你们的担心”等句式。

（二）紧迫感与稀缺性：结合倒计时、库存告急，但需避免过度营销。

（三）互动提问：引导弹幕刷屏。示例：“想要福利的扣 1”。

（四）规避负面情绪的话术：减少强硬推销，如把“不买就没了”改为“错过今天还有明天哟”。

第五篇

流量变现与全域攻略

第一章

挂小黄车躺赚攻略

怎么开通商品橱窗

怎么在直播间挂“小黄车”带货

怎么托管经营橱窗

怎么获取自己账号的 Uid，挂高佣金商品链接

怎么查看卖出的商品订单

佣金等收入怎么提现

怎么利用 AI 为自己选择高利润带货商品

怎么开通商品橱窗

想要在抖音平台售卖商品，就必须开通商品橱窗功能。每个账号的商品橱窗都可以被视为一个小店铺，是我们实现变现的重要手段。

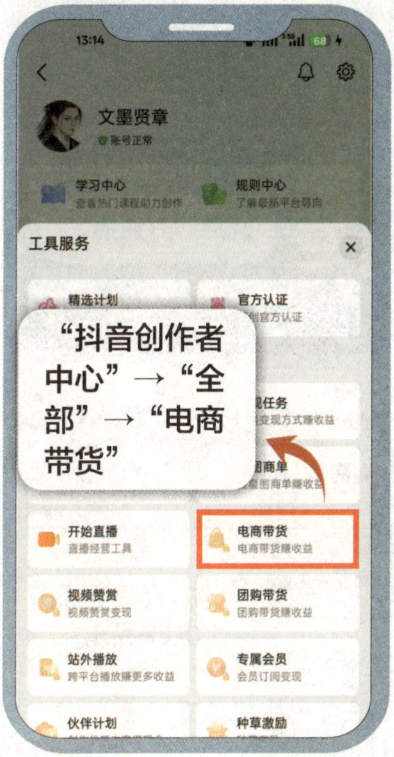

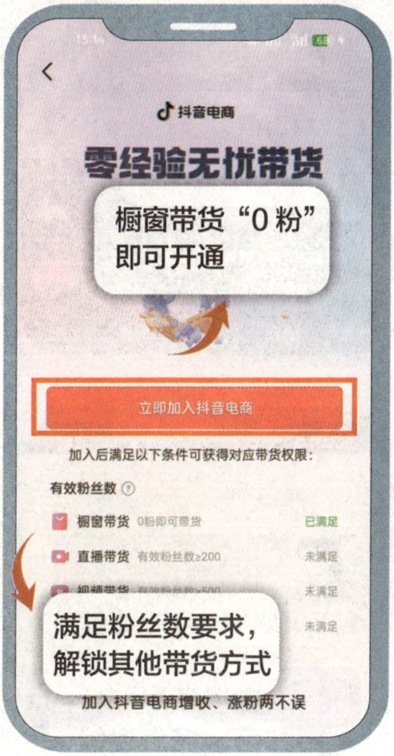

怎么在直播间挂“小黄车”带货

“小黄车”即抖音购物车，可以添加在视频下方，也可以在直播时挂在直播窗口，售卖自己的抖音小店或淘宝商城的商品，或者售卖别人小店的商品来获取佣金。

13:46
选
团购
北京
关注
商城
推荐
配音演员录制时有多卷
表演也能1:1还原
师父嘲笑哪吒一身泥
ADER
点击首页“+”按钮
29.3万
@电影哪吒之魔童闹海
14.2万
首页
朋友
消息
我

13:48
选择音乐
翻转
闪光灯
设置
动图
倒计时
美颜
更多
分段拍
照片
视频
特效
选择“开直播”
文字
相机
模板
开直播

13:48
视频
语音
手游
电脑
开启位置
所有人可见
选择直播内容
点击“商品”，即可选择商品挂上小黄车
翻转
美化
特效
商品
更多变现
任务
分享
更多功能
开始视频直播

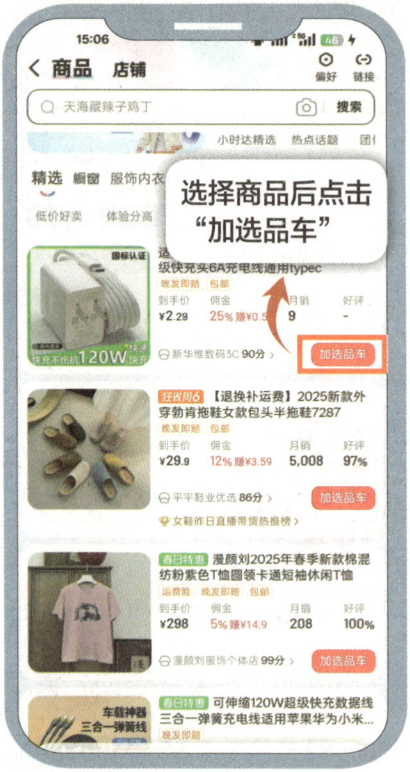
15:06
商品
店铺
偏好
链接
天海藏辣子鸡丁
搜索
小时达精选
热点话题
精选
橱窗
服饰内衣
低价好卖
体验分高
选择商品后点击“加选品车”
级快充头6A充电线通用typec
到手价
¥2.29
佣金
25%
月销
9
好评
加选品车
【退换补运费】2025新款外穿勃肯拖鞋女款包头半拖鞋7287
¥29.9
12% 赚¥3.59
5,008
97%
加选品车
漫颜刘2025年春季新款棉混纺粉紫色T恤圆领卡通短袖休闲T恤
¥298
5% 赚¥14.9
208
100%
加选品车
可伸缩120W超级快充数据线三合一弹簧充电线适用苹果华为小米...

怎么托管经营橱窗

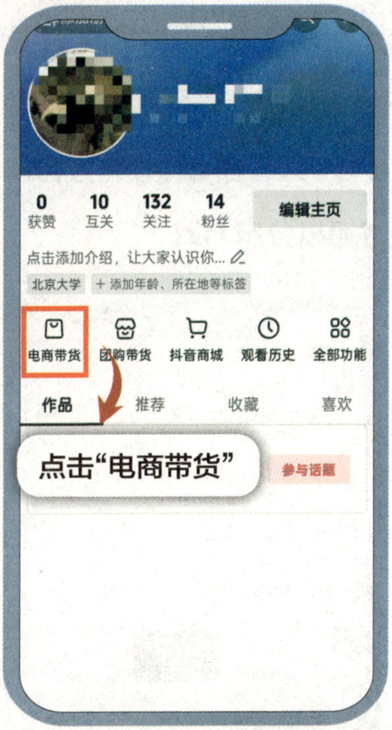
点击“电商带货”
电商带货
团购带货
抖音商城
观看历史
全部功能
作品
推荐
收藏
喜欢
编辑主页

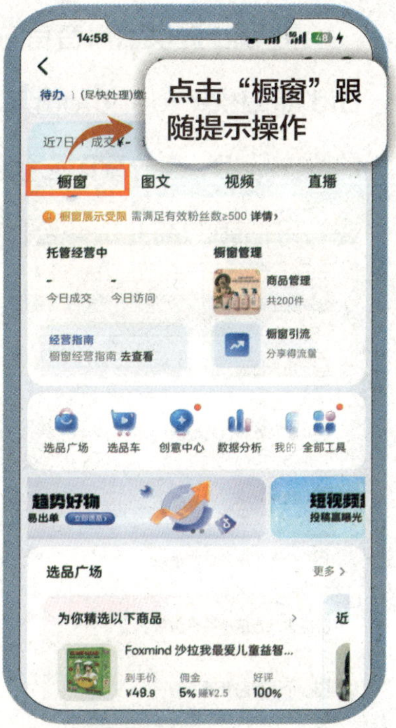
点击“橱窗”跟随提示操作
橱窗
图文
视频
直播
托管经营中
橱窗管理
商品管理
橱窗引流
选品广场

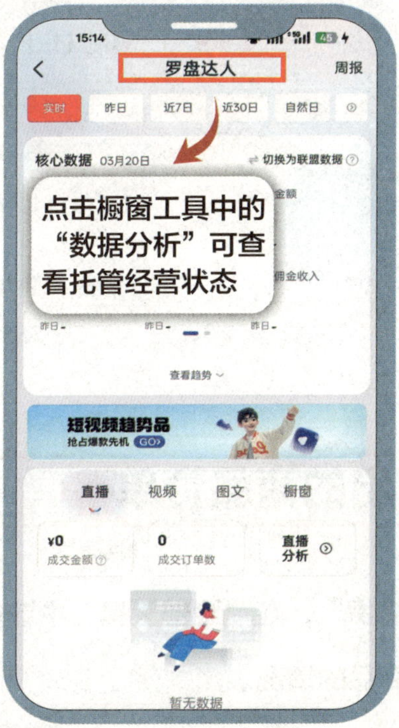
点击橱窗工具中的“数据分析”可查看托管经营状态
罗盘达人
周报
核心数据
直播
视频
图文
橱窗
暂无数据

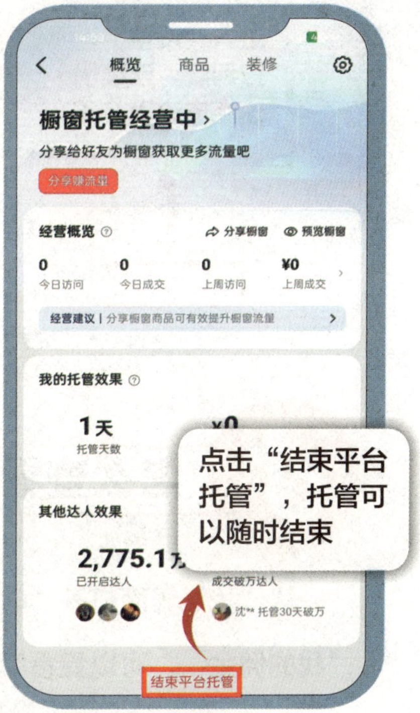
点击“结束平台托管”，托管可以随时结束
概览
商品
装修
橱窗托管经营中
分享给好友为橱窗获取更多流量吧
经营概览
我的托管效果
其他达人效果
结束平台托管

怎么获取自己账号的 Uid，挂高佣金商品链接

将 Uid 提供给抖音官方客服，可以申请挂高佣金商品链接。Uid 即 User identifoer（用户身份证明），是用户在抖音上的唯一标识，在分享时必须格外小心。只有在与抖音官方合作，或与可信赖的商业伙伴合作时，才可以分享 Uid。

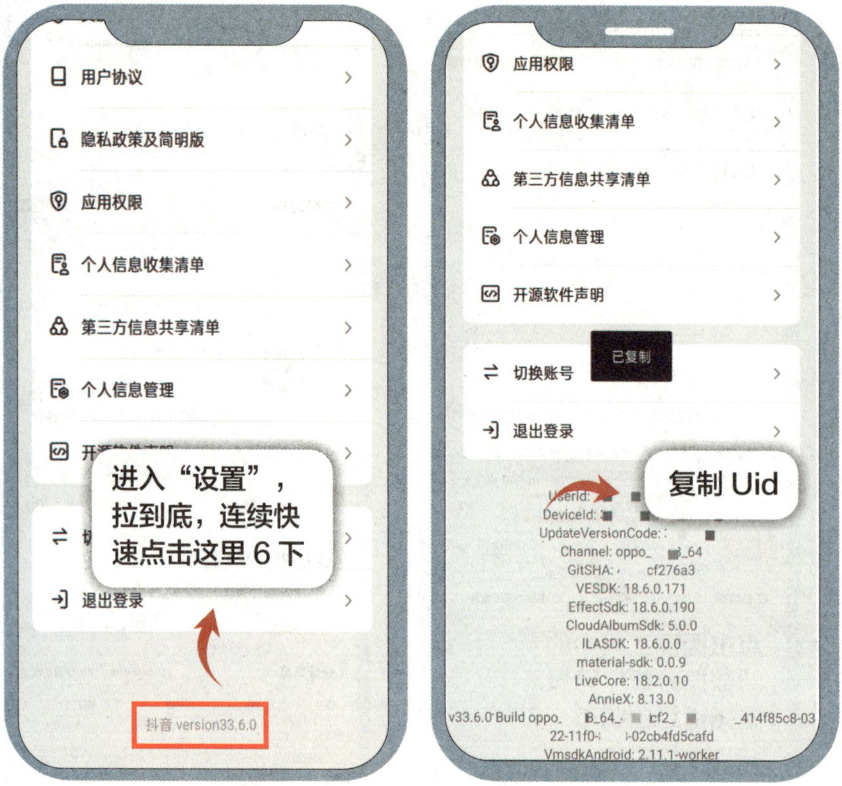

怎么查看卖出的商品订单

从“我”界面打开“电商带货”，在“全部工具”中选择“我的佣金”，可以查看卖出商品的情况。

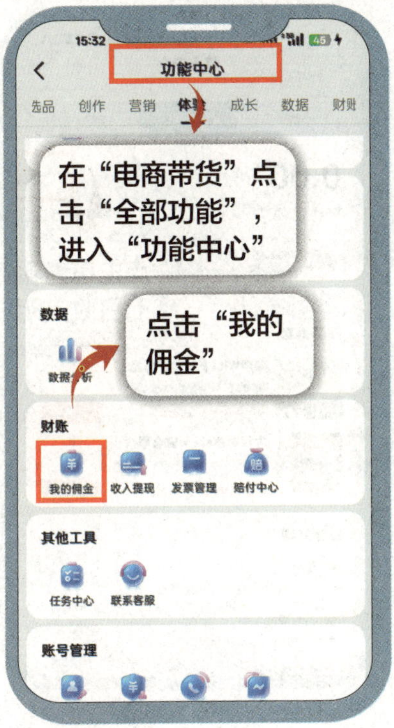
功能中心
选品 创作 营销 体验 成长 数据 财账
在“电商带货”点击“全部功能”，进入“功能中心”
数据
点击“我的佣金”
财账
我的佣金 收入提现 发票管理 赔付中心
其他工具
任务中心 联系客服
账号管理

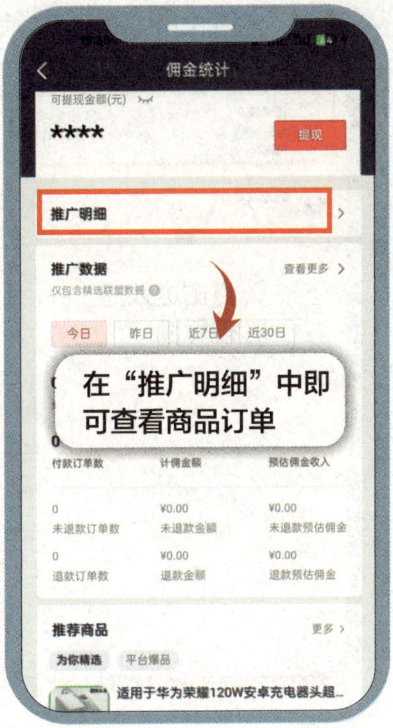
佣金统计
可提现金额(元)
****
提现
推广明细
推广数据
查看更多
仅包含精选联盟数据
今日 昨日 近7日 近30日
在“推广明细”中即可查看商品订单
付款订单数 计佣金额 预估佣金收入
0 ¥0.00 ¥0.00
未退款订单数 未退款金额 未退款预估佣金
0 ¥0.00 ¥0.00
退款订单数 退款金额 退款预估佣金
推荐商品
更多
为你精选 平台爆品
适用于华为荣耀120W安卓充电器头超...

佣金等收入怎么提现

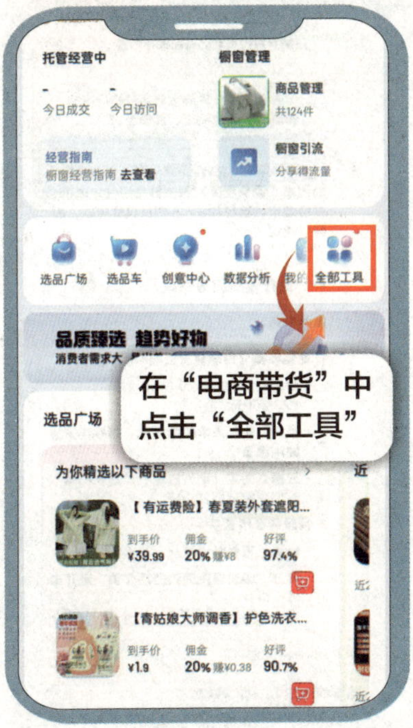
托管经营中
橱窗管理
今日成交 今日访问
商品管理
共124件
经营指南
橱窗经营指南 去查看
橱窗引流
分享得流量
选品广场 选品车 创意中心 数据分析 全部工具
品质臻选 趋势好物
在“电商带货”中点击“全部工具”
选品广场
为你精选以下商品
【有运费险】春夏装外套遮阳...
到手价 ¥39.99 佣金 20% 好评 97.4%
【青姑娘大师调香】护色洗衣...
到手价 ¥1.9 佣金 20% 好评 90.7%

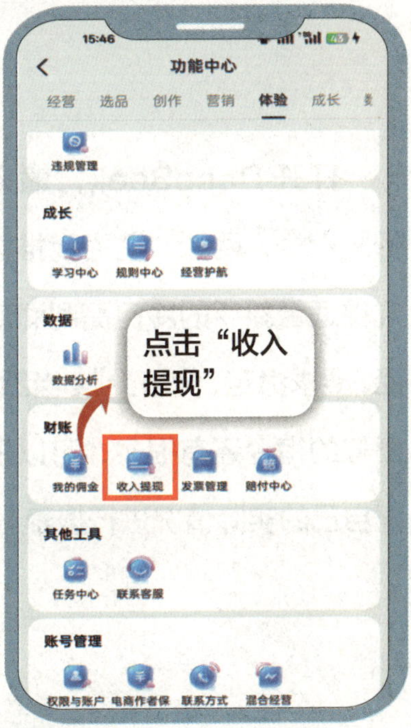
15:46
功能中心
经营 选品 创作 营销 体验 成长
违规管理
成长
学习中心 规则中心 经营护航
数据
数据分析
点击“收入提现”
财账
我的佣金 收入提现 发票管理 赔付中心
其他工具
任务中心 联系客服
账号管理
权限与账户 电商作者保 联系方式 混合经营

怎么利用 AI 为自己选择高利润带货商品

打开 DeepSeek，输入相关指令，例如“请为我推荐几种适合新手的冷门高利润商品，要求稳定、竞争少”。当然，类似的指令还有很多，可以根据自己的实际情况进行搜索。

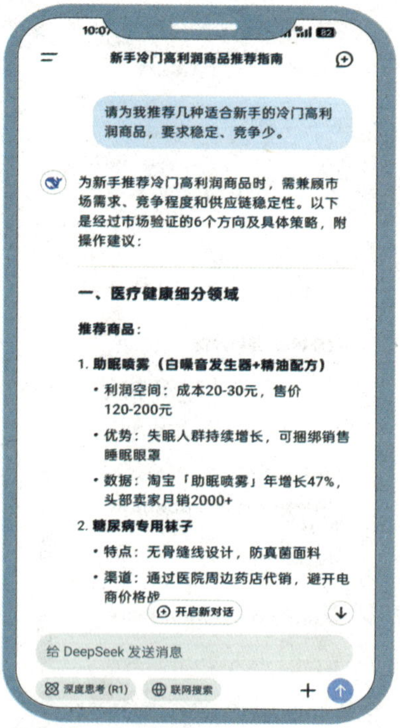

第二章

粉丝群实操

怎么创建粉丝群

怎么管理粉丝群

怎样在粉丝群分享商品

利用 AI 分析粉丝画像与行为偏好

怎么创建粉丝群

一、创建粉丝群的条件

（一）实名认证：确保账号已完成实名认证。

（二）粉丝数≥1000人：需积累一定粉丝，体现账号影响力。

（三）无违规记录：账号需保持健康状态，无严重违规行为。

二、创建步骤

第一步 打开抖音，点击右下角的“我”，进入个人主页。

第二步 点击右上角的“≡”。

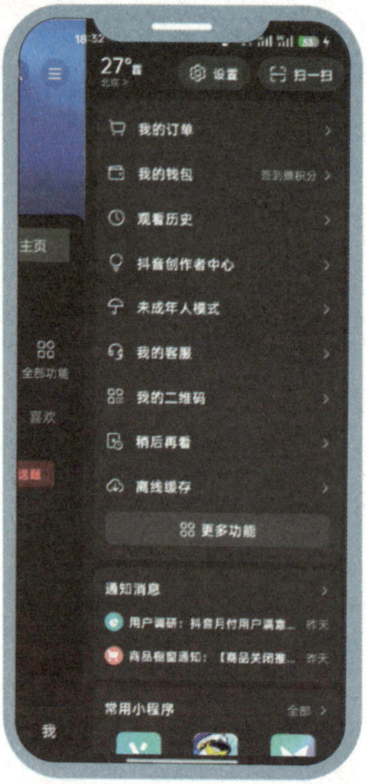

第三步 找到“主播中心”或“抖音创作者中心”。

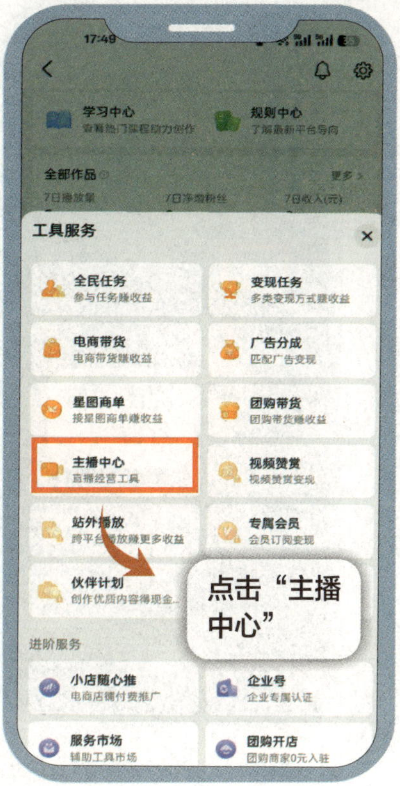

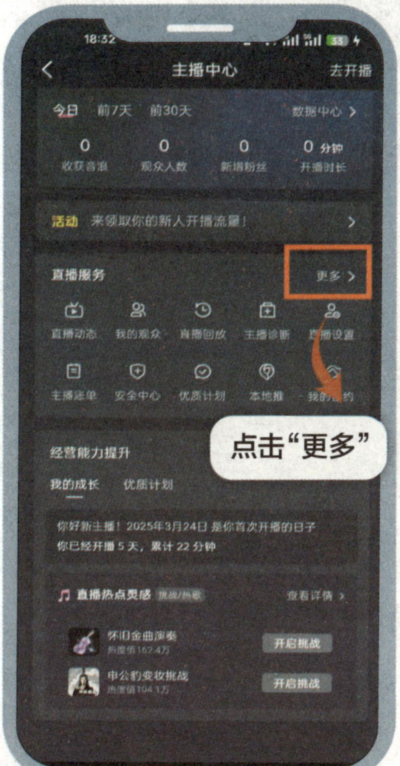

第四步 找到“更多”选项，点击进入后选择“粉丝群”。

第五步 点击“立刻创建粉丝群”。

第六步 填写群名称、群公告等信息，设置进群的门槛和是否在主页展示群聊等，最后点击“确认创建”即可。

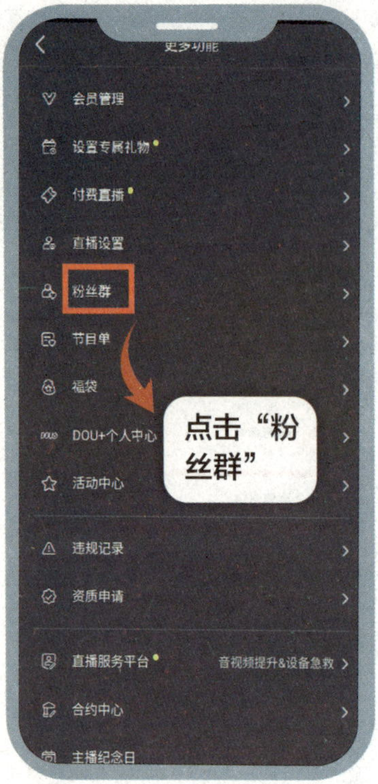

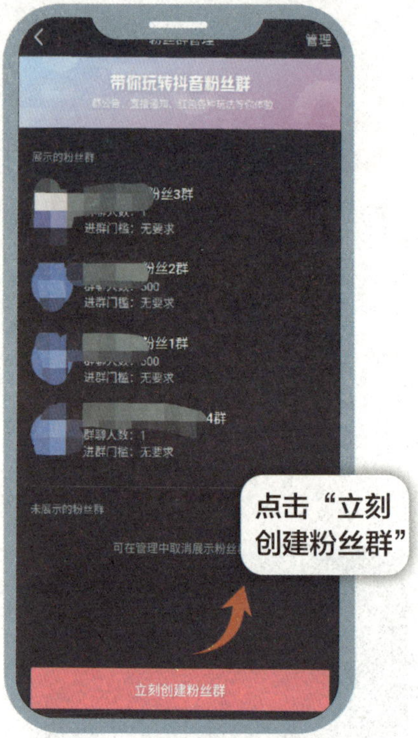

怎么管理粉丝群

一、邀请粉丝加入

（一）点击“分享”，生成邀请链接或二维码。

（二）通过私信、直播或视频简介等方式分享群链接或邀请码邀请粉丝加入粉丝群。

二、维护群秩序

利用设置管理员、发布公告等管理功能，提升互动质量。

三、持续运营

通过定期在群里发布活动或者福利等方式，以保持粉丝的活跃度，增强社群黏性。

怎样在粉丝群分享商品

一、打开抖音 App，进入个人中心。

二、点击商品橱窗。

三、点击分享按钮分享到抖音粉丝群。

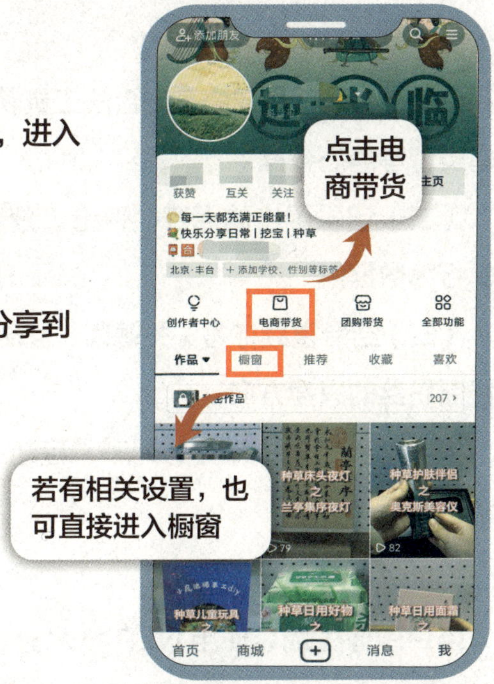

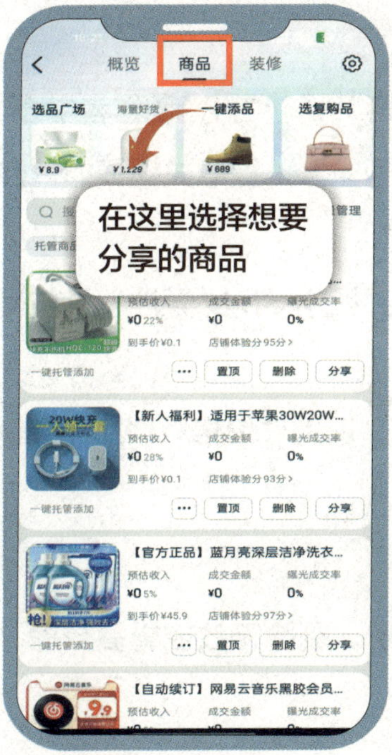

利用AI分析粉丝画像与行为偏好

一、多方面数据采集

（一）通过平台或第三方合法工具获取粉丝性别、年龄、地域、设备类型等静态数据。

（二）记录用户的点赞、评论、分享、观看时长、重复观看次数等行为数据。

（三）结合视频标签、关键词、互动内容类型（如美食、美妆）等推断粉丝的兴趣方向。

（四）通过分析粉丝的列表、互动频次，来判断用户社交影响力的层级。

二、AI 应用

用户画像生成：使用 NLP 技术分析评论情感倾向，结合机器学习预测用户行为（如购买倾向）。

操作示例：

打开抖音 App，点击“我”→ 右上角“≡”→“抖音创作者中心”→“数据中心”→“粉丝”→“粉丝画像”（提取关键词如“四川 35 岁男性，晚 22 点～23 点活跃”）。

文心一格：输入粉丝关键词（如“四川 35 岁男性，科技爱好者”），自动生成画像。

DeepSeek：实时监测直播弹幕，识别“价格”“库存”等高频词，输入 DeepSeek 中优化话术。

三、AI 自动化清洗

使用异常检测算法等工具学习模型，剔除无效或重复数据，补全缺失值，提升数据质量。

数据清洗过程烦琐、耗时，需要投入很多人力、物力，都会拉升成本。结合 AI Agent 和 RPA，可以有效降低数据清洗的成本，提高工作效率。

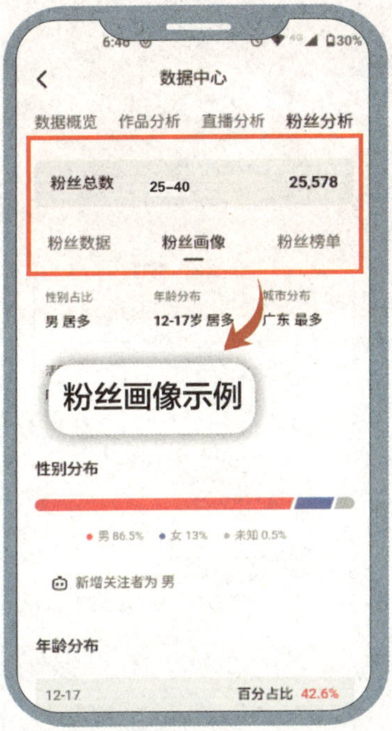

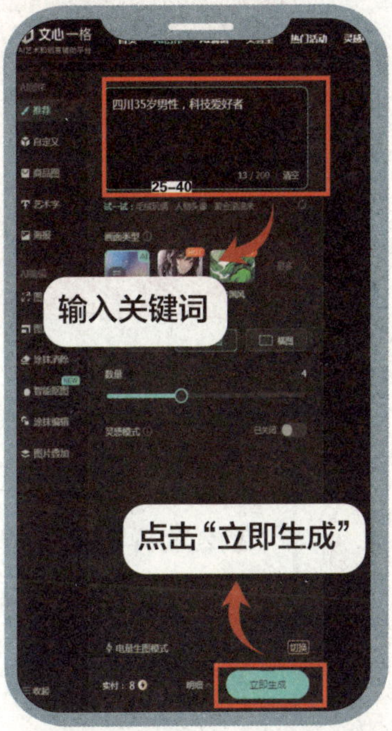

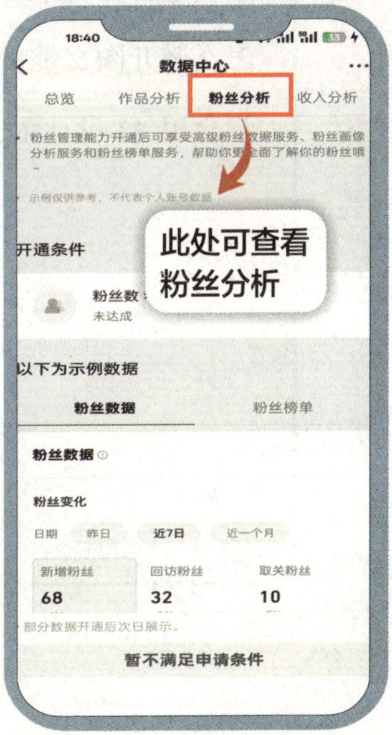

第三章

图文带货

- 怎么开通图文带货的权限
- 怎么选择图文带货的商品
- 怎么制作图文带货内容
- 怎么发布图文带货
- 怎么运营图文带货
- 怎么避开图文带货的雷区
- 学会用 AI 设计图文，创造新颖图文形式

怎么开通图文带货的权限

一、开通条件

（一）实名认证：需完成实名认证，确保账号的安全与合规。

（二）0 粉丝：在创作者中心直接开通电商带货权限。

（三）挂车权限：需满足 ≥1000 粉丝（可挂小黄车带货），部分类目（如服饰）需额外申请权限。

二、开通步骤

（一）进入电商带货入口

路径：打开抖音 APP，点击"我"→右上角"≡"→"创作者服务中心"→"全部"→"电商带货"。

（二）提交资质信息

1. 个人号：上传身份证照片，开通收款账户，如支付宝等。

2. 企业号：提交营业执照，绑定对公账户。

（三）缴纳保证金

1. 个人号：需缴纳 500 元保证金（可退还）。

2. 企业号：保证金比个人号高，具体以页面为准。

（四）开通成功

审核通过后，即可在发布图文时添加商品链接。

怎么选择图文带货的商品

一、选品核心策略

（一）定位目标人群

1. 匹配账号：优先选择与自己擅长的领域（如美妆、家居）相关的商品，确保内容垂直度。

2. 分析粉丝画像：根据粉丝的年龄、性别、消费能力选品。例如：18 ~ 24 岁大学生：高性价比零食、平价美妆；25~35 岁宝妈：母婴用品、家居好物。

（二）利用平台工具找爆款

1. 选品广场：进入“电商带货”→“选品广场”→优先选择“低价好卖”和“爆款榜”。

2. 按类目（如美食、服饰）查看 24 小时 / 周 / 月趋势，选择已验证的热门商品。

3. 创意中心：点击“创意中心”→“图文”→按赛道（如穿搭、美食）筛选 24 小时内高点赞商品。

4. 热点宝：搜索“生活服务热点中心”→输入赛道关键词（如“健身”）→查看“图文总榜”→选近 3 天热门商品。

二、实用技巧

（一）对标账号

找到 5 ~ 10 个同类高粉账号，分析其爆款商品。

操作：点击“商品橱窗”→查看其带货商品→模仿选品逻辑。

（二）测款与迭代

初期选 3 ~ 5 款潜力商品同时推广，保留点击率 > 15% 的款。

工具：用“抖音电商罗盘”查看商品点击、转化率数据。

（三）内容匹配

确保图文内容（场景、卖点）与商品高度相关。比如，推广“便携榨汁杯”→展示户外使用场景 + 清洗便捷性。

怎么制作图文带货内容

一、素材制作

（一）图片获取与处理

1. 无样品拍摄：使用商家详情页主图 + 买家秀图片组合。

2. 二次创作：下载爆款图文视频→截取核心卖点画面→去水印并添加文字 / 滤镜。

（二）首图设计要点

1. 多品类拼接（如服饰搭配图）+ 醒目标题文案（如“49 元 3 件”）。

2. 尺寸统一（建议 3：4 竖版），单图展示商品使用场景或对比效果。

二、内容创作（3 秒吸睛法则）

（一）图片优化

1. 高清美观：使用原图，突出商品细节（如食品类商品可展示食材特写）。

2. 拼图技巧：2 ~ 5 张图拼接，展示多场景（如服饰穿搭 + 户外场景）。

3. 工具推荐：醒图、美图秀秀。

（二）标题文案

字数：21 字以内，包含卖点 + 热门话题。

示例：

1. 防晒衣："夏季必备！轻薄透气的防晒衣，紫外线防护率99%。"

2. 零食："低卡零食天花板！办公室囤货必备，好吃不胖。"

（三）背景音乐

1. 热门音乐：抖音搜索"音乐热门榜"，选择飙升榜前 10 首。

2. 人群匹配：童装配活泼音乐，图书配舒缓音乐。

3. 推荐工具：抖音生活服务热点中心。

怎么发布图文带货

一、入口选择

路径 1：商品橱窗→点击目标商品→分享至抖音→上传制作好的图片。

路径 2：抖音首页"+"号→"相册选择图片"→点击"添加商品"。

二、内容优化

（一）音乐：通过“生活服务热点中心”→“图文榜”选择赛道热门 BGM。

（二）标题：直接复制爆款图文标题模板。示例：“XX 同款！被问爆的显瘦神裤。”

（三）关联热点：发布前点击“关联热点”获取流量加成。

怎么运营图文带货

一、提升曝光率

（一）对标账号：找到 5 ~ 10 个同类高粉账号，分析其爆款商品和文案。

（二）矩阵运营：批量剪辑、多账号发布，提高测试效率。

二、数据分析

（一）查看商品转化率、点击率。

1. 推荐工具：抖音电商罗盘。

2. 操作入口：抖店商家后台的“数据”及抖店 APP 的“数据中心”。

（二）优化策略：淘汰转化率 < 5% 的商品，保留高点击率文案。

三、运营技巧

（一）每日更新 30% 以上商品，淘汰无销量商品。

（二）组合“引流款（低客单）+ 利润款（高佣金）”商品矩阵。

怎么避开图文带货的雷区

一、需避开的商品雷区

（一）拒绝低质品：比如纯商品图、大字报、模糊图片，平台会限流。

（二）规避违规品：禁售医疗用品、仿货，避免夸大宣传。示例：“7 天美白”。

（三）警惕过季品：冬季避免推夏季凉席，除非清仓且价格极低。

二、避免敏感内容

（一）禁用低俗、争议性话题（如社会负面新闻、未核实的谣言），防止账号限流或封禁。

（二）标题文案禁用“最”“第一”等绝对化表述，避免违反广告法。

三、版权与素材规范

（一）避免直接搬运他人图文素材，需二次加工，如调整滤镜、添加文字或贴纸、使用即创等官方平台工具生成合规素材，降低侵权风险。对爆款图文素材进行抠图换背景、局部涂鸦修饰等操作，提升原创性。

（二）首图避免模糊、倾斜或无关场景（如孩子日常照配薯片等零食商品），需清晰地展示商品主体。

（三）避免重复发布相同的图片，同一商品可多场景展示。

学会用 AI 设计图文，创造新颖图文形式

一、AI 设计图文创意

（一）跨界融合

方法：结合科技、艺术、文学等领域动态，拓宽创作视野。

示例：用 AI 生成 3D 打印模型设计图，融合科技与艺术。

（二）文本提示优化

方法：提供详细文本提示，引导 AI 生成符合需求的图像。

示例：生成铁血战士手办模型时，描述“生物机械混合装甲”“荧光纹理”等细节。

（三）多工具协同

方法：结合多个 AI 工具，实现复杂创作需求。

示例：用 DeepSeek 生成关键词→即梦 AI 生成图片→ Tripo 生成 3D 模型。

（四）数据分析与迭代

方法：分析生成图像的数据，进行多次迭代优化。

案例：生成广告文案后，分析用户反馈数据，调整文案内容和风格。

二、AI 工具链实战应用

（一）创意构图

1.MidJourney：生成超现实场景。

示例：输入“薯片漂浮在粉色海洋，3D 卡通风格，高饱和度”。

2.DALL-E 3：精准控制商品细节。

示例：输入“红色连衣裙 + 发光粒子特效 + 赛博朋克街道”。

3.HeyGen：生成虚拟模特试穿视频。

示例：上传服饰平铺图→生成模特动态展示。

4.Pika：将商品图转化为动态场景。

示例：生成巧克力融化过程可视化的动态图。

（二）排版优化

1.Canva 魔法设计：上传 AI 生成图 + 商品图→自动生成 20 多种版式方案。

2. 美图 AI 设计师：输入卖点文案→生成“文字 + 图标 + 商品”组合图（支持一键适配抖音 3：4 尺寸）。

（三）差异化技巧

1. 使用 ClipDrop 擦除 AI 生成图的背景元素，叠加实拍素材制造虚实结合效果。

2. 通过 Leonardo AI 的“ControlNet”功能固定商品形态，自由变换背景风格。

3. 动态增强

Runway：为静态图添加动态元素。示例：让餐具自动摆盘，咖啡冒热气。

Kaiber：生成“无限缩放”效果。

4. 互动设计

用 CapCut AI 生成“点击触发特效”。

示例：点击薯片包装→弹出成分分析动效。

通过 PixVerse 制作“多结局剧情图”。

示例：用户滑动选择不同商品使用场景。

第四章

私域导流

合规导流：主页 / 评论区 / 私信留微信方法

粉丝群运营：签到 / 秒杀 / 专属福利设计

朋友圈变现：种草内容 + 活动预告模板

私域转化：企业微信自动化运营工具

合规导流：主页 / 评论区 / 私信留微信方法

一、主页

（一）优化账号的基础信息

1. 将抖音号伪装成联系方式。改为“VX+数字 / 字母”或“WX-数字”的形式。示例：VX12345。注意：30天内修改一次即可，避免频繁操作。

2. 在签名区域暗示私域入口。可用谐音字“薇”“威”或符号(→)等替代敏感词，同时结合福利文案，如“领资料加V”等来提升转化率。

3. 引导用户点击主页背景图查看完整信息。

（二）视觉元素设计

1. 头像：可在头像嵌入品牌标识或者二维码轮廓，吸引用户截图识别。

2. 昵称：使用行业关键词，如“护肤导师 -XX”等，来强化账号的定位和提升搜索曝光率。

3. 背景图：置入微信或公众号的截图，搭配箭头符号向用户提示签名区的联系方式。

二、评论区

（一）互动引导

回复评论时，加入“关注获取更多福利”“点击链接查看详情”等引导性的语句。不过，要注意抖音的规则，避免直接发布外部链接而造成违规。

（二）话题标签

在视频或直播过程中创建专属的话题标签，鼓励用户在评论中使用。示例：发起挑战或者活动，让用户参与并 @ 好友，使传播范围不断扩大。

（三）置顶评论

将活动规则、参与方式等重要的导流信息置顶，确保新进入的用户一眼就能看到。

（四）用户生成内容（UGC）激励

鼓励用户参与评论、分享自己的经历等，同时提供优惠券、抽奖机会等奖励。

（五）合作与联动

与抖音平台上的其他用户或品牌进行合作，方法是在彼此的评论区进行互动，实现互相导流。

三、私信留微信

（一）触发用户主动私信

在视频结尾或直播过程中植入“私信回复‘资料包’获取完整方案”等引导话术，以触发用户需求，吸引用户主动发私信咨询。

示例：知识类账号可设置“私信‘行业报告’免费领 PDF 版”。

（二）自动回复链路设计

1. 企业号：可通过“私信组件”设置“微信”“合作”等关键词自动回复，推送含跳转卡片的福利链接。

2. 个人账号：用第三方工具生成外链卡片，用户点击后可直达微信活码页面。

（三）优化话术和发送技巧

1. 规避敏感词。用“V”“公粽号”等来替代“微信”“公众号”字样，或是拆分关键信息，示例：“abc_123”。

2. 增强视觉引导。比如添加表情符号等，同时降低封控概率。

3. 高效话术示例

情感型：“看到你的留言很有共鸣，加 V 分享更多实战经验。”

价值型：“私信回复‘资源包’获取行业白皮书，并赠送 1v1 咨询资格。”

场景型：“需要详细教程，请戳我主页，全套资料已整理。”

粉丝群运营：签到 / 秒杀 / 专属福利设计

一、签到

（一）基础模块方案

动态奖励梯度。示例：用户连续签到 3/7/15/30 天的解锁阶梯奖励，如现金红包、流量券、直播间礼物等；每日签到叠加“幸运值”，满值后触发随机暴击奖励，比如 DOU+ 券、电商满减券等。

（二）补签卡机制

1. 用观看 5 条广告视频的方式兑换补签卡，单月限用 3 次。

2. 用户在直播间完成点赞 / 分享等指定任务可获得补签资格。

（三）组队签到赛

1.3 人以上组队共享签到进度，全队签到满 7 天即可解锁专属折扣券，人员越多，折扣力度越大。备注：需到电商页面领取。

2. 队长特权：每新增 1 名队员，队长可额外获得 100 直播人气值。

（四）签到地图彩蛋（惊喜）方案

1. 用户连续签到可触发“福利坐标”，将地图分享给好友可一同挖宝，获得 DOU+ 券、实物试用装等彩蛋。

2. 彩蛋埋点可与商家合作。

（五）电商签到

1. 签到满 7 天可获得“9.9 元秒杀券”，但使用地为品牌直播间。

2. 在积分兑换商城设置阶梯门槛，比如 500 积分兑换运费险，1000 积分兑换会员体验资格等。

（六）本地生活导流

1. 基于位置服务推送签到奖励，示例：“连续签到 3 天，即可解锁附近奶茶店 5 折券。”

2. 商家购买“黄金签到位”，用户点击奖励则自动跳转 POI 页面。

二、秒杀

（一）直播间预告造势

1. 在开播前 3 天通过短视频的弹窗推送提前设置好的粉丝群专属暗号，比如“888”），用户进群后 @ 机器人领取预约资格。

2. 直播时，口播强调“仅限群成员参与”，以引导观众点击直播间的购物袋入群。

（二）分层权益设计方案

1. 粉丝等级≥ 5 级可提前 10 分钟参与秒杀。

2. 新群成员完成“邀请 2 人入群”任务后可解锁隐藏款抢购权。

（三）秒杀玩法创新方案

1. 用户支付 1 元定金，解锁 9.9~199 元商品的随机购买券。

2. 邀请 2 人入群，可额外获得 1 次翻牌机会。

3. 盲盒式秒杀（需企业号）。

（四）直播联动秒杀

直播时，主播在进行倒计时，群内同时弹出“炸弹红包”，用户点击红包获取秒杀码，然后凭码跳转小程序完成支付。

（五）地理位置解锁

1. 基于位置服务推送本地商家爆款，示例：3 千米以内用户可抢火锅店 1 元套餐。

2. 在群内发起“定位打卡”活动，满 10 人同城即触发额外折扣。

三、专属福利

（一）福利类型设计方案

1. 内容福利：主要包括独家视频、直播预告、幕后花絮。

2. 互动福利：主要有话题讨论、抽奖活动，线上答题等。

3. 物质福利：优惠券、限量商品、周边产品等。

4. 身份福利：专属勋章、粉丝等级称号、特殊昵称颜色等。

（二）实施策略

1. 定期举办美妆大赛、健身挑战等互动活动，以激发粉丝参与热情。

2. 与品牌方合作提供专属福利，拓宽合作机会。

3. 跟踪粉丝互动率和福利领取情况，进行数据分析，及时优化福利策略。

朋友圈变现：种草内容 + 活动预告模板

一、种草内容

（一）生活场景

公式：日常碎片 + 产品自然露出 + 优惠信息

示例：配图：精致点心 + 手冲咖啡。当有人问咖啡杯，可回复“私信‘杯子’领10元券”。

（二）节日主题

公式：节日氛围 + 礼物清单 + 情感共鸣

示例：“七夕倒计时！送TA的礼物不撞款（配图：小众香薰 + 手写贺卡）；购礼盒赠定制刻字服务！”

（三）用户证言

公式：真实用户评价 + 产品细节图 + 限时活动

示例：“学员反馈：跟课21天瘦5斤！（配图：聊天记录 + 课程大纲）；双11特惠，3人拼团立减100元！”

二、活动预告模板

（一）紧迫感促单方案

公式：倒计时 + 独家福利 + 行动指令

示例：“最后3小时！医美年卡直降2000元！（配图：项目对比图）；私信‘抢卡’锁定名额！”

（二）社群专属福利方案

公式：入群门槛 + 福利清单 + 稀缺性提示

示例：“进 VIP 群享：新品 5 折优先购 + 专属顾问 1v1。仅开放 50 席位，扫码审核！”

（三）裂变增长方案

公式：老带新奖励 + 简单参与规则 + 视觉刺激

示例：“邀请 3 人进群，奖励星巴克礼品！（配图：群聊二维码 + 礼品图），已发 128 份，快戳！”

私域转化：企业微信自动化运营工具

一、抖音私域转化

（一）引流至企业微信

1. 方法：通过抖音平台上的个人主页、视频描述和直播引导用户添加企业微信。

2. 工具：除二维码外，还可以创建链接，直接从抖音跳转至微信。

（二）长效运营

1. 持续内容输出：持续发布优质的短视频和开直播，以保持与粉丝的互动。

2. 福利机制设计：比如抽奖、满减优惠等粉丝专属福利，以提升黏性。

3. 私域阵地运营：精细化运营粉丝团、粉丝群和抖音电商号。

二、工具选型

工具级别	工具名称	核心功能	适合场景
基础型	数灵通	支持位置服务定向跳转	适合中小团队快速搭建跳转链路
	商加加外链	提供链接防封与多级跳转能力	适配复杂业务场景
高阶型	私域管家	集成抖音→企微全链路管理，支持活码短链与活动裂变	分层管理，标签精准化营销
	快鲸 SCRM	深度对接电商数据，实现客户生命周期自动化运营	连锁零售行业，可集中管理客户资源

第五章

抖音小店

怎么开通抖音小店

抖音小店如何上架产品

怎么用精选联盟进行带货推广

怎么找达人帮你带货推广

怎么用“巨量千川”推广小店的商品

怎么设置主播优惠券

怎么入驻“抖音来客”

抖音小店怎么选择产品

怎么开通抖音小店

第一步 点击抖音App右下角的“我”进入个人主页，点击右上角的“≡”。

第二步 找到“更多功能”点击进入。

第三步 找到“抖音小店”点击进入，按页面提示开通即可。

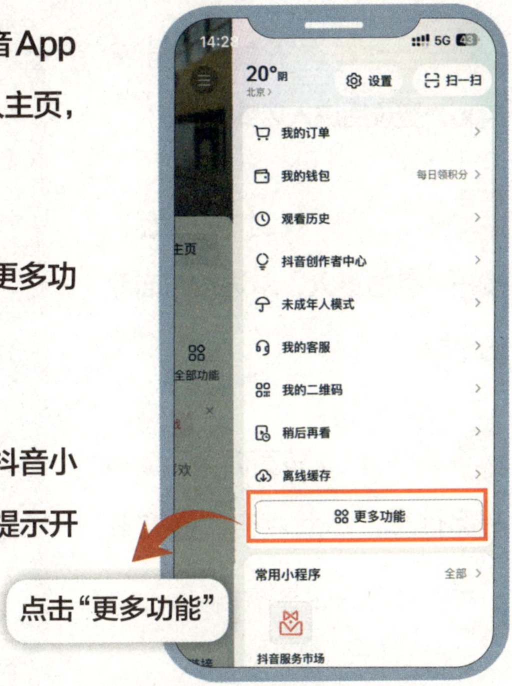

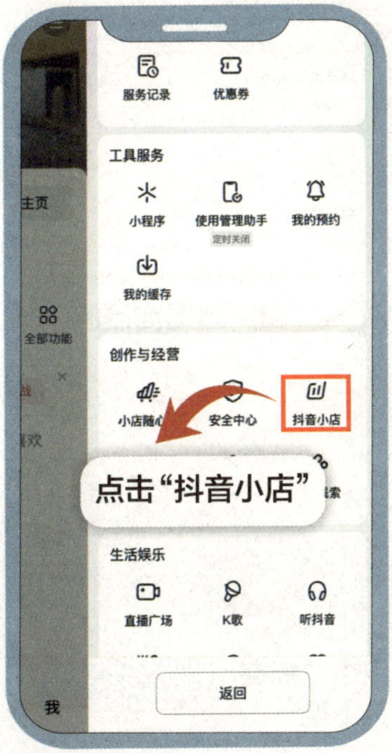

抖音小店如何上架产品

第一步 下载抖音小店App，登录后进入店铺主页。

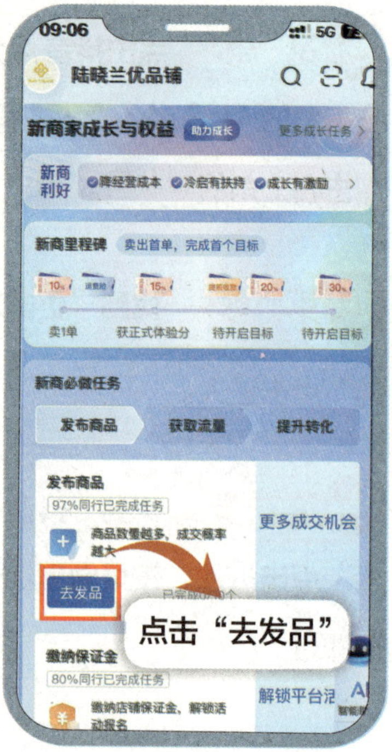

第二步 找到“去发品”按钮，点击进入，勾选发布商品的个数。

第三步 按页面提示填写商品信息，然后点击“提交并上架”。

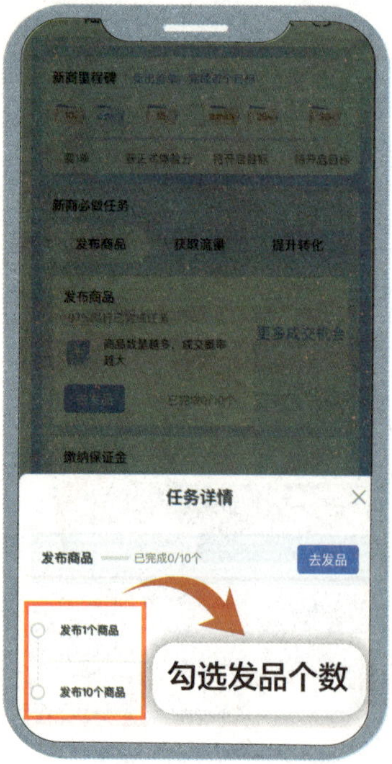

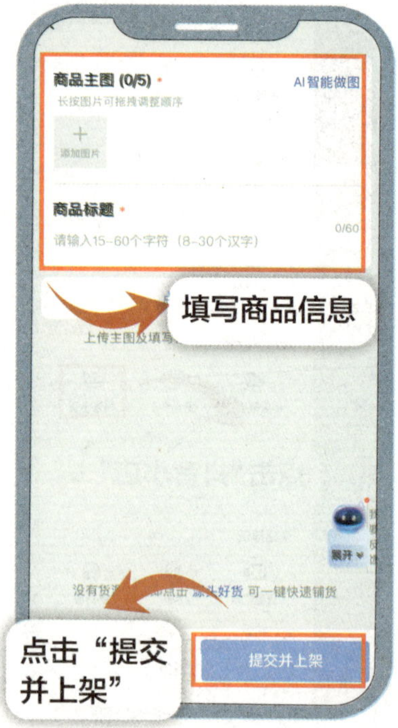

怎么用精选联盟进行带货推广

一、入驻资质

（一）基础资质

1. 已经开通抖音小店，且店铺的状态正常，即可正常访问。

2. 已经完成实名认证，且商家账号及关联账号无售假、虚假交易等严重违规记录。

（二）店铺评分标准

1. 入驻≤ 60 天的新商家：虽无体验分的要求，但是要通过新手期合规动态的考核。

2. 老商家：体验分≥ 4.0 分，指定类目商家体验分≥ 4.5 分，好评率≥ 80%。

3. 近 30 天的成交金额＞0。

二、入驻操作流程

第一步 电脑端登录抖音小店后台。

第二步 进入“营销中心”→“精选联盟”，然后按页面提示进行入驻。

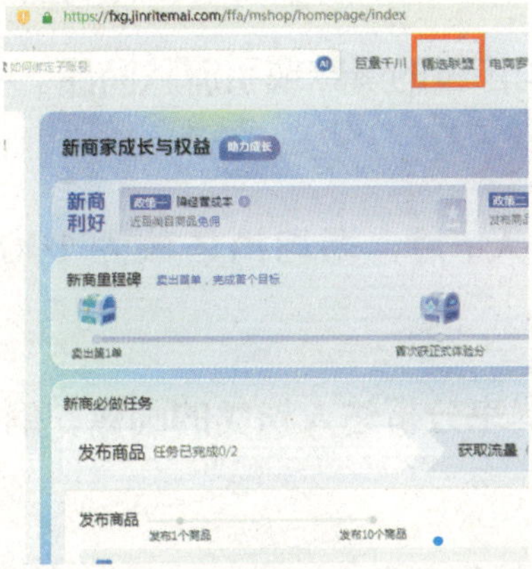

怎么找达人帮你带货推广

一、达人合作渠道挖掘

（一）绑定授权号

抖店后台可以绑定达人的抖音号、头条号等，建立与达人的合作。进入路径：店铺管理→经营账号管理→店铺授权账号。

（二）达人广场

在抖店后台的达人广场里可以搜索达人，主动找到合适的达人来合作。进入路径：精选联盟→找合作→达人合作→达人广场。

（三）达人招商

在抖店后台的达人招商中可以按照招商的行业、达人等级、粉丝总数进行筛选，精准锁定有招商需求的达人后主动报名即可。进入路径：精选联盟→找合作→达人合作→达人招商。

（四）团长活动

在抖店后台团长招商中报名团长活动，通过审核，即可与机构建联。进入路径：精选联盟→找合作→团长合作→团长招商中。

二、达人筛选与匹配策略

（一）店铺基础要求

1. 最好确保店铺体验分≥ 85 分，商品历史销量≥ 50 单。

2. 店铺应优先推广具有一定销售量的爆款或引流款商品。

（二）达人数据匹配

1. 尽量选择带货频率≥ 15 天 / 月，场均销售额为 1000 ~ 5000 元的达人。

2. 用蝉妈妈、飞瓜等数据工具来分析达人粉丝的画像，确保与商品的目标用户高度重合。

怎么用“巨量千川”推广小店的商品

一、进入入口

第一步 登录抖音，点击右下角的“我”，点击右上角的“≡”，在“抖音创作者中心”，找到“全部”。

第二步 找到“小店随心推”，并点击进入。

第三步 按页面提示开通“巨量千川”，然后根据自己的需求进行广告投放。

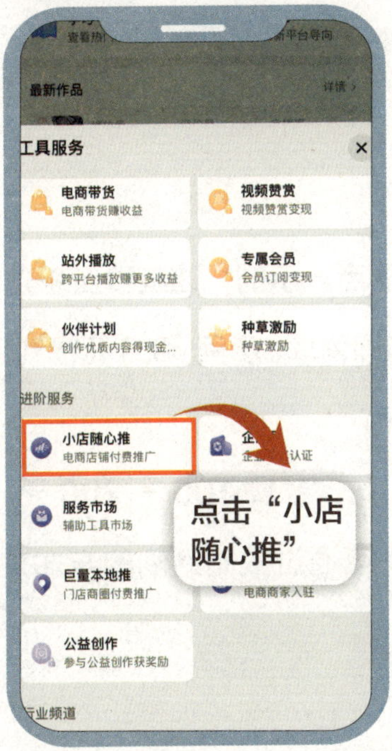

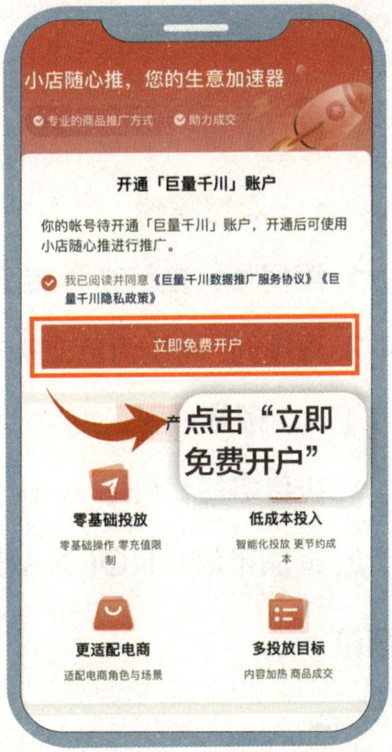

二、创建广告

（一）选择投放目标

1. 短视频带货：提升直播间和商品的曝光度。

2. 直播引流：为直播间加热。

3. 绑定内容：选择关联的小店商品。如果是投直播间，需要先开播或设置预约。

（二）设置参数

1. 预算：最低 100 元起，新手测试单笔不超过 500 元。

2. 出价：分自动和手动两种：前者适合新手，后者按曝光或点击数据来扣费。

3. 定向人群：有系统智能推荐和自定义定向两种。前者覆盖潜在兴趣用户。后者包括三个方面，一是地域选择，优先投放包邮地区；二是筛选性别 / 年龄，以匹配到商品的核心用户，示例：女装选 18~35 岁女性；三是根据兴趣标签，添加相关类目商品，示例：零食选“美食爱好者”。

三、优化技巧

（一）素材策略

1. 短视频：在前 3 秒突出产品的痛点。示例：油皮秒变哑光。

2. 直播间：用引流款来提升观众的停留率。示例：9.9 元福利品。

（二）预算分配

1. 少量多投：分 5 ~ 10 次投放，每次预算 100 ~ 200 元。

2. 追加策略：ROI > 150% 时，可通过复制计划的方式来追加预算。

（三）数据监控

关注 5 秒完播率、点击率和转化率：当完播率 < 30% 时，优化前 3 秒内容。发现点击率低时，及时调整文案 / 贴纸引导。

（四）A/B 测试

同时投放 2 ~ 3 组不同的素材或定向，最后保留高转化的组合来进行大额投放。

四、“巨量千川”投流步骤

第一步 在电脑端登录抖音小店后台，进入“营销中心”。

第二步 找到“巨量千川”，点击进入。

第三步 点击“立即开通”，按页面提示开通巨量千川账户。

第四步 开通后，点击“立即充值”给账户充值，然后就可以根据页面提示购买流量投“千川”了。

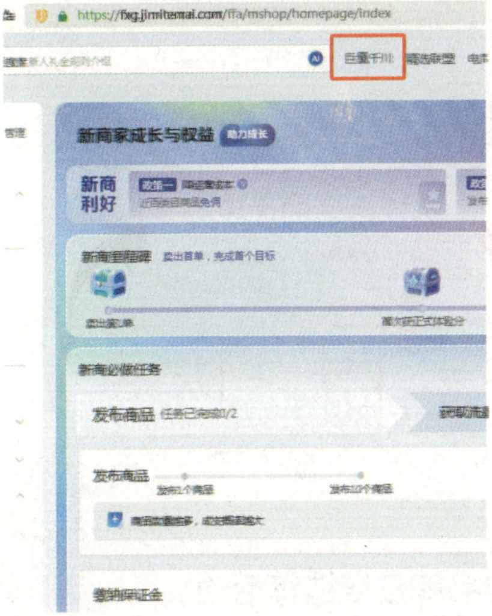

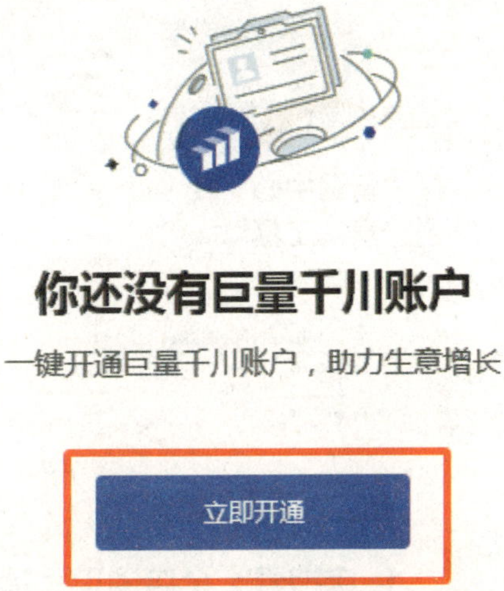

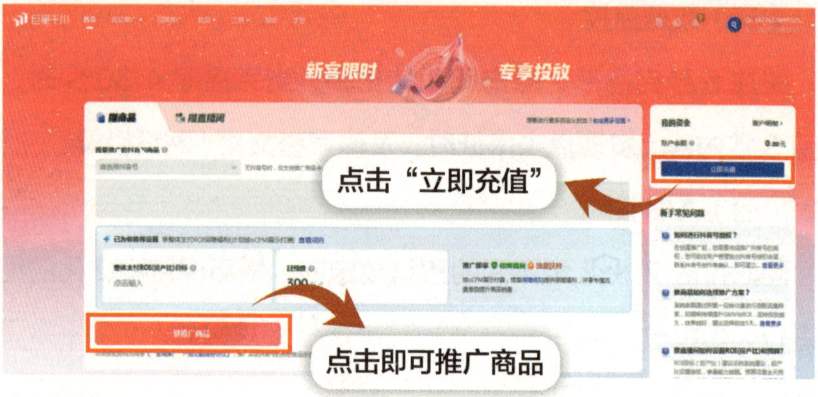

怎么设置主播优惠券

一、创建优惠券

（一）进入路径

第一步 在抖音小店后台进入“营销中心”，找到“营销工具”点击进入。

第二步 找到“优惠券”点击进入。

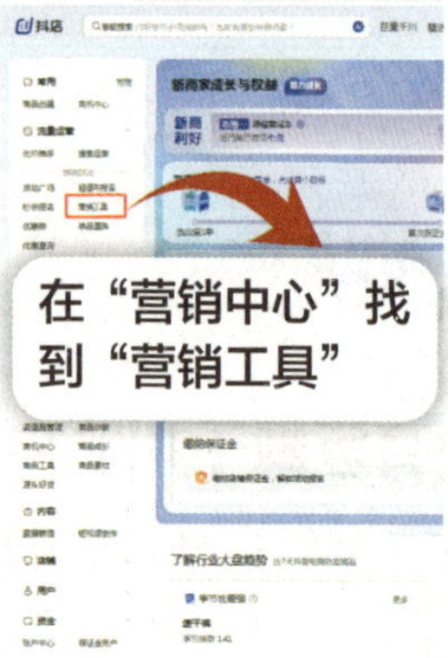

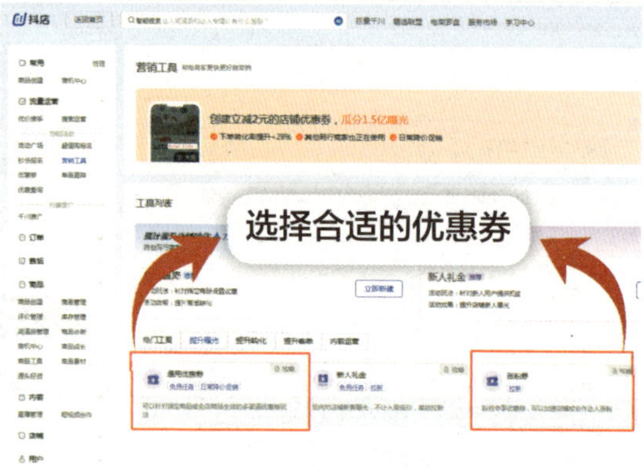

（二）选择类型

1. 店铺券：全店通用，适合用品牌日促销等活动。

2. 商品券：用于指定商品，适合做爆品推流。

3. 达人专属券：需绑定达人 UID，仅在合作达人直播间生效。

（三）设置参数

1. 门槛：建议设置为客单价的 1.5 倍。示例：客单价 50 元，则门槛 75 元。

2. 面额：一般满减券力度 > 15% 的更易转化。示例：满 100 减 20。

3. 有效期：如果是直播间专用券，建议设置 2 小时。

4. 库存：限量 100 ~ 500 张，并显示“仅剩 XX 张”来提升点击率。

二、绑定直播间

（一）发放方式

1. 自动：观众进入直播间可自动领取，适合高流量直播间。

2. 手动：主播口播引导观众点击领取，但是需设置领取链接。

（二）达人合作

2. 将优惠券直接绑定到达人的专属链接中，结算时自动抵扣。

3. 设置“专属福利”话术。示例：点击购物车领 XX 元券。

怎么入驻“抖音来客”

一、入驻条件

（一）资质要求

1. 营业执照。注：需与门店主体一致，个体户和企业均可。

2. 法人身份证和门店的门头照片。

3. 部分类目需提供行业资质证明，比如食品经营许可证、药品经营许可证、代理品牌授权书等。

（二）门店要求

1. 必须有线下实体店。

2. 门店地址必须与营业执照上的地址一致。

二、注册与登录

（一）注册

第一步 通过应用商店搜索“抖音来客”下载安装，或访问官网直接注册账号。

第二步 首次登录自动完成注册流程。

（二）登录

新用户以“商家身份”登录后可在首页选择“门店入驻”。

三、认领门店

（一）单店入驻

第一步 在“入驻抖音门店”下选择“认领单店”。

第二步 搜索门店名称或关键词，确认信息无误之后点击认领。

注：如果检索不到，那就点击“创建新门店”。

（二）连锁店入驻

第一步 选择“认领连锁店”入口点击进入。

第二步 批量上传分店信息。

四、提交资质

（一）按页面提示上传营业执照、法人身份证、门头照片等。

（二）按页面提示填写门店信息：名称、地址、联系电话、营业时间等。

抖音小店怎么选择产品

选品要根据运营模式、平台算法特性与用户需求，分维度进行。下面就基于“利云文化官方旗舰店”的运营模式与抖音书单号成功经验总结的选品核心逻辑，分维度为新手博主提供实操建议。

一、垂直领域聚焦

选择细分赛道：优先选择利云文化已验证的成熟领域，如国学经典（如《素书》）、职场思维（如《底层逻辑》）、家庭教育（如《男孩女孩保护自己》）等，这些类目用户画像精准且转化率高。

避免泛娱乐内容：星座、搞笑等泛粉类书籍转化率低，聚焦“知识刚需”领域更易变现。

二、爆款跟随策略

跟爆品：通过蝉妈妈、考古加等工具监控以利云文化为代表的头部账号，特别是其近期热销书籍（如《素书》《鬼谷子》漫画版），直接联系商家获取高佣金链接（佣金可达 65%~73%）。

找平替：若爆品佣金竞争激烈，可寻找同主题但不同出版社的平替书籍，降低投放成本。

三、用户需求匹配

31~40 岁核心人群：针对男性用户选择商业思维类（如《商业的底层逻辑》），女性用户侧重育儿 / 家风类（如《中国人的家训》）。

高知人群与下沉市场兼顾：结合利云文化的矩阵经验，可同时布局高客单价知识类书籍（如国学典籍）与低价教辅（如《逆商培养绘本》）。

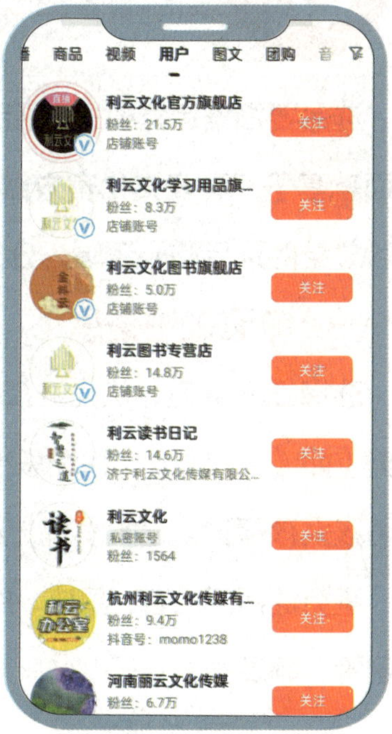

第六章

效率工具：AI 助力内容生产

文案生成：如何用 DeepSeek 帮你写文案

自动剪辑：批量产出视频的软件

封面设计：零基础模板库，一键生成

数据监控：实时报警的流量看板

无限素材：如何用即梦打造你的素材王国

AI 配音：任何声音都能为你所用

文案生成：如何用 DeepSeek 帮你写文案

一、明确需求

首先我们要明确文案的目标是什么。例如，如果你正在撰写一款新产品推广的文案，那目标可能是吸引潜在客户，提高商品的成交率。所以，你需要了解文案的类型、目标受众和产品的核心卖点。

文案类型：包括广告标语、产品描述、品牌故事和社交媒体文案等。

目标受众：主要包括年龄、性别、兴趣几个方面。

核心卖点：比如产品功能、情感价值等。示例："24 小时保湿""治愈系香味"等。

二、输入模板

在 DeepSeek 的输入框中输入与你的产品或服务相关的关键词，这些关键词应该能够准确描述你的产品特性或服务优势。

产品类型：餐饮 / 美妆 / 本地服务。

核心卖点：不超过 10 字。示例：现烤牛骨髓拌饭。

目标人群：年龄 / 性别 / 地域。示例：25 ~ 35 岁女性，杭州滨江区。

转化目标：商品购买 / 团购核销 / 私域引流。

特殊要求：节日热点 / 平台新规。示例：添加 # 探店挑战。

语言风格：DeepSeek 支持多种语言风格，包括正式、幽默、简洁和文艺等。可根据自己的目标受众和品牌调性来选择一种最合适的风格。

操作示例：

第一步 在应用商店安装 DeepSeek。

第二步 验证手机后即可开始使用。

第三步 在框中输入文案要求。比如：请写五篇关于餐饮的文案，核心卖点为现烤牛骨髓拌饭，目标人群为 25 ~ 35 岁上班族，加上“# 探店挑战”的话题，语言风格要求文艺一些。

第四步 点击生成文案的按钮，等待文案生成即可。

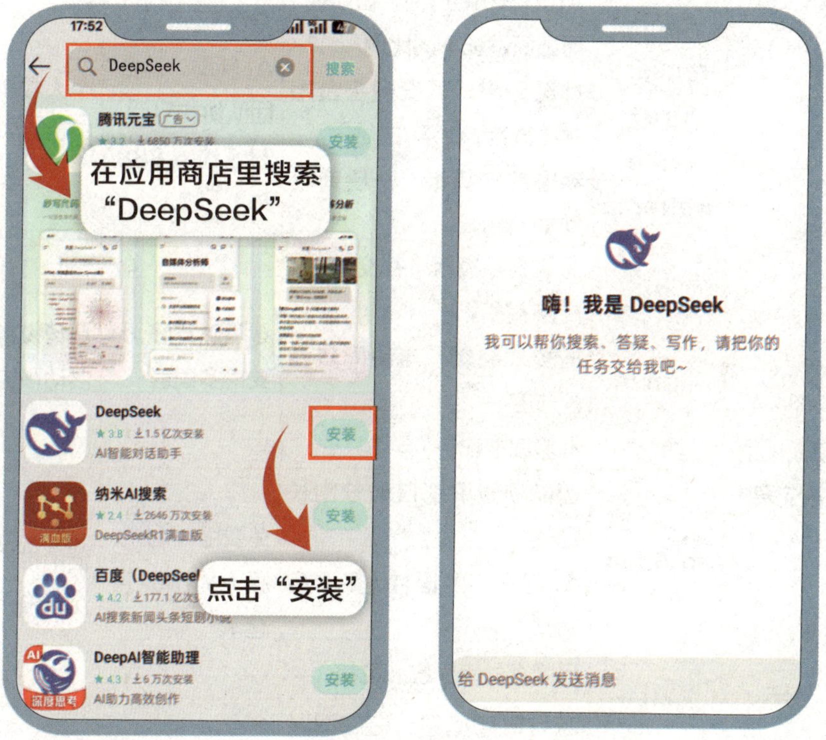

自动剪辑：批量产出视频的软件

一、软件介绍

软件类型	推荐软件	功能	优势	适用场景
AI 智能剪辑工具	剪映	一键成片：导入素材自动生成视频 智能抠图：绿幕 / 人像快速抠图 批量字幕：语音转文字自动匹配	免费，模板丰富，支持多平台发布	短视频创作者、电商产品展示
	Adobe remiere Pro+ Auto Reframe	Auto Reframe：智能裁剪画面适配不同比例 批量导出：预设多平台格式（抖音 / 快手 /B 站） 动态图形模板：一键替换文字 / 图片	专业级剪辑 + AI 辅助，适合团队协作订阅制（约 ￥888/年）	个人或小团体
模板化生产工具	Canva	海量视频模板（社交媒体 / 广告 / 教程） 拖拽式编辑，自动同步音乐节奏 批量调整配色 / 字体	零基础友好，支持多语言	营销物料、活动预告
	InVideo	智能场景识别自动分割长视频 AI 配音：多语种 / 多音色选择 品牌素材库：统一风格	免费版 + 付费版（￥168/ 月起）	营销推广、企业推广
电商专属工具	快影（快手官方工具）	商品智能抠图：白底图一键生成 批量添加价格标签 / 促销贴纸 直播片段自动剪辑	深度集成快手生态	短视频新手

软件类型	推荐软件	功能	优势	适用场景
	万兴喵影	淘宝主图视频模板库 智能去水印 / 背景虚化 绿幕抠图批量处理	免费版 + 付费版 （¥399/ 终身）	营销物料、 活动预告
进阶工具	Runway ML	AI 生成视频：输入文字生成动态场景 风格迁移：一键转换视频画风（如漫画 / 电影感） 智能修复：老视频降噪 / 补帧	免费试用 + 订阅制（约 ¥1200/ 年）	创意机构、 影视后期
	InVideo / Pictory	完全自动化 AI 视频生成：自输入文案 → AI 自动生成视频（带配音 + 字幕 + 素材） 批量替换素材：适合做矩阵账号	5 分钟出片，适合纯懒人。但风格较固定，个性化弱	探店口播、美食解说类视频

二、性价比推荐

（一）个人创作者：剪映 +Canva 组合。

（二）电商团队：快影 + 万兴喵影。

（三）专业机构：Premiere Pro+Runway ML。

封面设计：零基础模板库，一键生成

一、爆款模板风格库

风格类型	设计元素	适用内容方向	文字案例
极简风	纯色背景 + 大字标题	知识分享、职场干货	3 招搞定 Excel 函数
科技赛博	荧光蓝紫 + 网格元素	数码评测、编程教学	2025 黑科技新品首发
复古手绘	水彩纹理 + 手绘元素	读书分享、手作 DIY	手作时光 · 治愈系黏土教程
活力渐变	霓虹色块 + 动态线条	游戏直播、才艺展示	今晚吃鸡！带粉上分

二、各种一键生成软件的操作步骤

软件	操作步骤	适合场景
抖音官方神器：剪映（CapCut）	第一步：打开剪映→点击“模板”→搜索“美食封面” 第二步：选择喜欢的模板→替换图片/文字 第三步：调整滤镜→导出	个人博主、探店新手
Canva	第一步：进入Canva→搜索“抖音封面” 第二步：选择模板→替换图片+文案（可调整布局） 第三步：导出（支持PNG/MP4）	品牌号、矩阵运营
稿定设计/创客贴	第一步：进入稿定设计→选择“抖音封面” 第二步：输入关键词→AI生成多个版本 第三步：微调→导出	想测试爆款风格的快速创作者
Figma/ Photoshop（PS）	第一步：设计一个封面→保存为模板 第二步：批量导入图片→自动生成封面 第三步：导出所有封面	专业团队、追求品牌统一性

数据监控：实时报警的流量看板

一、看板搭建方案

（一）基础设置

1. 数据对接：①通过抖音平台开放API授权；②选择需要监控的账号矩阵。

2. 关键指标配置：①必选指标，包括播放量、完播率和互动（点赞、评论、分享）率；②电商账号再加选转化率、GMV 和商品点击率。

（二）AI 告警规则设置

1. 设置阈值报警，示例：播放量比前一天下降 30% 时，即可触发告警。

2. 设置趋势预测：用 AI 预测未来 2 小时的流量异常情况，如完播率持续低于 5%）

3. 设置竞品对比：当同类账号的平均涨粉速度超过自己的 50% 时，触发警告。

二、可视化看板设计方案

（一）布局

第一屏：实时播放量、粉丝增量、转化率等核心数据。

第二屏：对推荐、关注、搜索等这些流量来源的占比分析。

第三屏：生成竞品对比雷达图。

（二）动态刷新

1. 设置自动刷新间隔时长，建议 5 分钟。

2. 设置实时数据异常预警系统，比如标红或闪烁提醒等。

三、注意事项

（一）数据权限管理

1. 不同的团队设置不同的数据查看权限。

2. 对转化率等敏感数据进行加密处理。

（二）降噪处理

1. 设置主动过滤节假日和平台活动期间的流量波动。

2. 设置最小报警阈值，示例：播放量 <1000 时不警告。

四、AI 驱动的数据监控工具推荐

软件	核心功能	优势
巨量云图	AI 短视频创作分析（内容 – 流量关联预测） 全链路数据追踪（从内容到转化的完整路径）	官方数据工具，算法适配抖音生态 支持 50+ 细分行业模板
蝉妈妈	秒级实时数据看板 流量异常智能告警	自定义阈值报警（如播放量下跌 20%） 支持企业微信 / 飞书推送
飞瓜 Pro	实时直播大屏（监控带货关键节点） AI 爆款预警（基于流量趋势预测）	每 5 分钟刷新直播数据 支持多账号流量对比
新榜矩阵通	跨平台数据聚合（抖音 / 快手 /B 站等） AI 内容绩效预测	统一管理 500+ 账号 自动生成运营健康度报告

无限素材：如何用即梦打造你的素材王国

一、核心功能拆解

即梦 AI = 文案生成 + 素材库管理 + 智能剪辑 + 数据复盘。

适合：美食、服装、探店等高频内容产出的行业。

二、自己的素材王国构建流程

（一）主题库建设

1. 分别建立不同的主题库，比如“节日热点”“猎奇反转”等。

2. 用即梦 AI 的智能分类功能给素材自动打标签。

（二）爆款素材公式

1. 美食类公式：食材特写 + 制作过程 ASMR+ 成品暴击。

2. 萌宠类公式：拟人化动作 + 反差行为。示例猫咪切菜。

3. 剧情类公式：3 秒情绪冲突 +5 秒反转。

（三）保存模板

在生成页面选择“另存为模板”即可。

（四）批量生产

1. 多开生成：可同时用多个浏览器标签页来生成不同的素材。

2. 自动去重：使用即梦 AI 中的“元素重组”功能来替换背景、角色或动作等。

（五）数据反哺创作

1. 将播放数据导入飞瓜数据分析。

2. 建立“爆款元素库”，并实时更新。

AI 配音：任何声音都能为你所用

一、AI 配音软件推荐

推荐软件	核心功能	适合场景	费用
剪映 /AI 配音阁	音色克隆 + 方言支持 + 快速剪辑	高拟真人配音	免费 / 付费
ElevenLabs	美式纪录片音色	影视解说类	付费
阿里云语音合成	中、英、西、俄混读，自动识别切换发音	多语种带货	付费
微软 Azure 语音	100 种情感语调控制	批量生成口播	按量付费
九锤配音	特色音色	剧情号 / 搞笑视频	付费
魔音工坊	500+AI 角色 / 声音克隆	50+ 语言 /300+ 风格 / 多语种 / 跨境电商视频	免费商用（限 3 万字符 / 周）
讯飞配音	真人级合成 + 商业授权	企业宣传 / 广告配音	付费（定制报价）

二、剪映 AI 配音步骤示例

三、懒人包推荐

（一）个人博主：剪映 AI 克隆 +Voicemod 变声。

（二）企业矩阵：Azure 批量生成 +Descript 精细调整。

（三）跨境带货：ElevenLabs 英文 + 阿里云多语种。

四、抖音 AI 配音短视频类型

（一）段子类：AI 配音的机械感可营造反差笑点。

（二）科普类：信息密集，文案长，AI 配音可清晰稳定地陈述。

（三）情感鸡汤：AI 配音冷静语调能增强文案抒情氛围。

（四）影视 / 动漫解说：解说词多，可以快速产出。

（五）带货：降低成本。

（六）游戏攻略：游戏更新频繁，攻略类视频需求量大，使用 AI 配音能迅速将复杂的游戏操作、关卡技巧等内容清晰传达。

（七）故事讲述：无论是历史故事还是小说，AI 配音都能以激昂顿挫的语调展现紧张局势与谋略交锋，弥补我们声音条件的不足。

（八）教育辅导：利用 AI 配音制作课程讲解、考试技巧分享等教育类内容，降低工作量，还能提升信息传达的准确性。

（九）旅游介绍：介绍世界各地风景名胜、文化习俗时，AI 配音能够提供多语言支持。

第六篇

避免违规指南：合规赚钱不翻车

第一章

违规行为避雷

抖音新规

短视频发布前如何自测是否违规

直播带货的违规行为

怎么避免版权纠纷

抖音新规

一、内容治理

（一）健康分阶梯管理

主播违规行为按严重程度、影响力阶梯扣分，低分将面临限流、限制提现、永久封禁等处罚。

（二）内容红线

严禁违法违规内容、恶意营销、抄袭搬运、数据作弊、侵犯权益、传播谣言、恶意攻击、诱导不良行为、低质内容、欺诈活动、诱导用户互动、违反公序良俗等行为。

二、直播带货政策调整

（一）准入门槛分级管理

普通用户：直播带货粉丝门槛从 1000 降至 200，作者保证金最低 50 元。

专业主播：实施分级管理，需通过资质动态核验，重点打击虚假身份、假冒商品等行为。

（二）流量与佣金优化

免除水果生鲜、日用百货等 18 类目交易佣金，广告费可随订单退款自动返还。

算法机制向优质内容倾斜，低粉账号通过高互动内容可获得自然流量扶持。

（三）直播间其他管理

直播间不得出现未成年人、敏感道具及政治话题，违者强制下播。

三、电商生态优化措施

（一）商家扶持计划

推出“小商家帮扶基金”，提供流量券和 0 元入驻政策，新商家可走绿色通道参与平台活动。

降低运费险成本（10%~40%）及 32 个类目保证金（最高降幅 98.7%）。

（二）消费体验提升

将用户满意度和服务体验纳入团队核心考核指标。

优化退货流程，对高频仅退款用户限制优惠权益。

严打虚假宣传、假冒伪劣商品及“羊毛党”，新增商家申诉通道。

四、流量扶持政策

（一）新人首播前 3 天建议发布生活类内容测试流量，播放量 > 300 后再推带货内容。

（二）关联“小时达”商品及热门话题可获得额外曝光。

五、创作者权益

有效粉丝标准调整为“通过优质内容获取的真实关注”，挂车带货需 ≥ 500 有效粉丝（仅影响视频带货，直播不受限）。

六、违规成本增加

（一）虚假宣传、材质不符等售后纠纷需 48 小时内处理，否则扣分并影响保证金。

（二）批量隐藏历史作品单日上限 10 条，超量将触发账号异常检测。

短视频发布前如何自测是否违规

第一步 打开抖音 App，进入主页打开“我”→右上角“≡”→“抖音创作者中心”→“账号检测”。

第二步 点击“账号检测”进入“发文助手”。

第三步 点击“发文助手”找到“快速检测”并点击进入，然后通过“照片图库”选择想要发布的视频进行检测即可。

直播带货的违规行为

一、虚假宣传

商品效果虚假描述，如护肤品过度对比宣传。

反复讲解或夸大商品优惠、营造稀缺氛围等。

主播口播的品牌与实际商品品牌不一致。

直播价格与商品链接不一致。

设置虚假库存。

重复上下架商品营造虚假稀缺性。

卖惨营销：虚构破产、家庭矛盾等剧情博取同情。

虚假促销活动，如“免单返现”“低价秒杀”等。

虚假交易：雇佣第三方组织下单来提高直播间数据。

二、具有煽动性

利用爱国情怀恶意贬低他国产品。

拉踩引战、污言秽语制造冲突氛围，刺激非理性消费。

使用暴力或性暗示词汇。

三、诱导消费

诱导私下交易，如挂微信号、引导第三方支付等。

憋单：故意拖延直播时长、宣称用户达到一定数量才上架商品等。

要求用户加入粉丝团才能赠送运费险，才提供优惠等。

用抽奖与诱导互动口头抽奖、刷屏截屏或答题送福利。

售后服务不当：未履行退换货运费承诺、商品无运费险标签等行为被视为违规。

怎么避免版权纠纷

一、音乐

尽量使用平台音乐库里的音乐，因为这些都是经过授权的，没有侵权问题。不过，抖音平台的音乐只能在抖音平台上使用，在其他平台使用也是侵权。

二、字体

应选择官方提供的商用字体或者是平台上的自由字体，因为平台已经购买了这些字体的版权，可以放心使用。

三、图片

不要随便将网上找的图片用在自己的作品中，这样很容易侵犯版权。尤其是摄影师和设计师的作品更要重视。

四、影视剪辑

对于影视作品或网络节目的视频素材，如果未取得版权的话，一定不要使用，这样很容易侵权。尤其是影视剪辑类的账号要注意这个问题。

五、热点

如果是用当下的热点来做文章，那照片与视频素材中，一定要对当事人的隐私信息用马赛克等方式进行处理。

第二章

抖音违规后如何处理

直播间违规的应对方法

抖音直播间的规则非常严格，即使是经验丰富的老主播也难免违规。被提示违规后，必须迅速采取措施，减轻不良影响。

一、收到违规通知意味着主播的行为尚未造成严重后果，但若不及时纠正可能会升级，主播要保持冷静、继续直播，同时根据提示语纠正自己的行为。

二、若系统提示已经违反法律法规，多次违反将被断播，主播必须停止违规行为，配合平台进行整改，但不建议中途下播，以免被系统解读为主播的直播能力不强。

三、当系统提示主播因低俗噱头等原因而被限流时，主播也不可下播，因为限流处罚若不能在本场直播内执行完毕，就会顺延至下一场，进而对多场直播产生不利影响。因此，务必让限流惩罚在本场直播内完成，前提是主播避免再次触犯同一违规行为。

四、在直播中，直播间突然黑屏，出现“主播暂时离开”等提示语时，主播有两个选择：第一，接受人工审核；第二，直接下播。建议主播接受人工审核，争取从轻处罚的机会。若被强制断播，建议第二天再开播，避免限流或被认定违规。

五、若主播严重违规，平台可能封号或永久关闭商品分享功能。违反国家法律法规，还将面临法律追究。一旦被封禁，只有一次申诉机会，必须谨慎对待。

账号违规怎么解除限制、封禁

若账号被系统判定多次违规，就可能遭到限制乃至封禁，可以根据以下途径申诉。

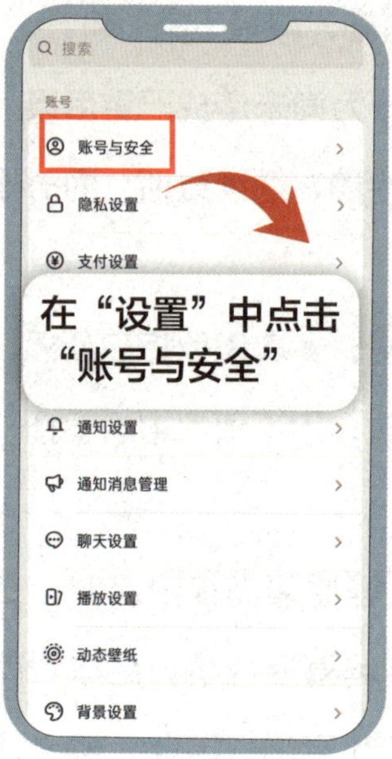

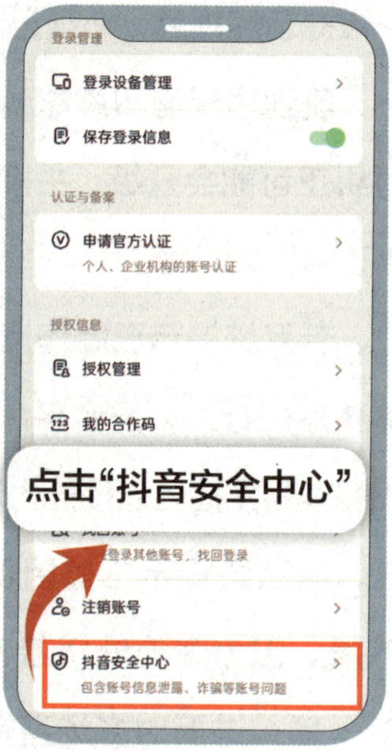

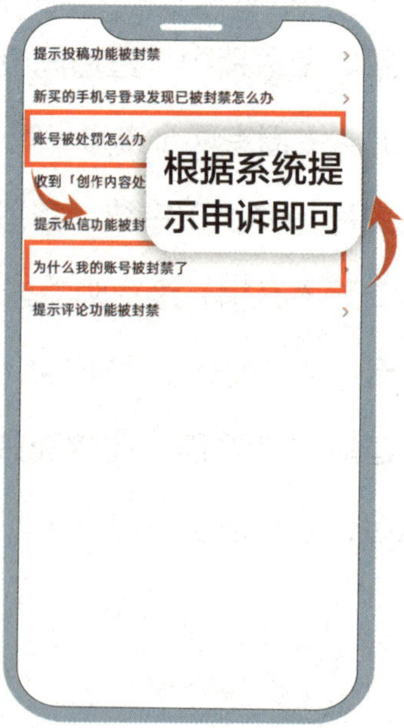

第三章

违禁词自查自纠

直播间违禁词替换

× 违禁词：顶级
× 违禁词：首选
× 违禁词：首批
× 违禁词：一流
× 违禁词：最新技术
× 违禁词：仅此一次
× 违禁词：史上最
× 违禁词：全球
× 违禁词：最便宜
× 违禁词：原价
× 违禁词：行业第一
× 违禁词：永久
× 违禁词：100%
× 违禁词：抽奖
× 违禁词：送
× 违禁词：微信
× 违禁词：京东
× 违禁词：拼多多
× 违禁词：万能
× 违禁词：免费
× 违禁词：淘宝
× 违禁词：天猫

√替换词：天花板级别
√替换词：优选
√替换词：头一茬儿
√替换词：远超行业水准
√替换词：非常前卫的技术
√替换词：以后都没有
√替换词：已经是顶流了
√替换词：世界上
√替换词：地板价
√替换词：日常价 / 零售价
√替换词：头部
√替换词：一直都在
√替换词：99+1
√替换词：抽幸运锦鲤
√替换词：安排 / 赠
√替换词：绿泡泡
√替换词：某东
√替换词：拼夕夕
√替换词：百搭
√替换词：不要钱
√替换词：某宝
√替换词：某猫

违规极限用语

一、严禁使用世界级、国家级、最高级、顶级、全球首发、全国首家、全网首发、世界领先、顶级工艺、王牌、销量冠军、第一（NO1/TOP1）、唯一、第一、首个、首选、全网销量第一、首家、独家、国家1级产品、填补国内空白、第一品牌、金牌、极致、万能、掌门人、永久王牌、独一无二、绝无仅有、史无前例等词语。

二、严禁使用最高、最低、最新、最佳、最大、最好、最先、最先进、最大程度、最新技术、最先进科学、最新科学、最先进加工工艺、最新技术、最时尚、最便宜、最受欢迎、最具等含义相同或近似的绝对化用语。

三、严禁使用绝对、绝对值、精确、超赚、领先上市、巨星、著名、世界、奢侈、大牌、全国x大品牌之一、领导品牌等无法考证的词语。

四、严禁使用100%、高档、正品、国际品质等虚假或是无法判断真伪的夸张性词语。

直播间违规敏感词概览

一、违规医疗用语

对于普通商品和不含特殊用途的化妆品、保健品、医疗器械等禁止使用以下医疗用语。

（一）增强或提高免疫，全面调整人体内分泌平衡，调节内分泌，改善内分泌，平衡荷尔蒙，防止卵巢及子宫的功能紊乱，延缓更年期。

（二）可促进新陈代谢，减少红血丝，优化细胞结构，修复受损肌肤，治愈，消炎，抗炎，活血，解毒，抗敏，脱敏。

（三）清热解毒，除湿，祛湿，润燥，防菌，除菌，杀菌，灭菌，消毒排毒。

（四）防敏、柔敏、缓敏、舒敏、褪敏、脱敏，改善敏感肌肤，改善过敏现象，降低肌肤敏感度。

（五）镇定，镇静，安神，养脑，中枢神经，助眠，治失眠。

（六）理气，行气，益气，通脉，活血，补血，生肌肉。

（七）胃肠蠕动，利尿，驱寒解毒，去除体内毒素，清除毒素，滋阴补阳，补肾，祛风，防痛，抗癌。

（八）减肥，降血压，防治高血压。

（九）治疗腋臭，治疗体臭，治疗阴臭。

（十）祛疤，消除斑点，斑立净，无斑，治疗斑秃，逐层减退多种色斑。

（十一）生发，毛发新生，毛发再生，生黑发，止脱，生发止脱，脂溢性脱发，病变性脱发，毛囊激活。

（十二）酒糟鼻，伤口愈合。

（十三）缓解痉挛抽搐，减轻或缓解疾病症状，经临床观察具有明显效果。

（十四）丘疹，脓疱，手癣，甲癣，体癣，头癣，股癣，脚癣，脚气，鹅掌癣，花斑癣，牛皮癣，传染性湿疹。

（十五）伤风感冒，哮喘，支气管炎，头痛，消化不良，腹痛，便秘。

（十六）烧伤，烫伤，刀伤，毛囊炎，座疮，皮肤感染，皮肤面部痉挛。

（十七）细菌，真菌，念珠菌，牙孢菌，厌氧菌，毛囊寄生虫等微生物名称。

（十八）抗生素，激素，荷尔蒙，雌性激素，雄性激素。

（十九）细胞再生，细胞增殖和分化，患处，疤痕，关节痛，冻疮，冻伤。

（二十）皮肤细胞间的氧气交换，红肿，淋巴液，毛细血管，淋巴毒等。

二、违规化妆品宣传用语

（一）特效，高效，全效，强效，速效，速白，一洗白，XX天见效，XX周期见效。

（二）激活，超强，全面，全方位，安全，无毒，溶脂，吸脂，瘦身，瘦脸，瘦腿，减肥。

（三）提高（保护）记忆力。

（四）提高肌肤抗刺激、消除、清除、化解死细胞，去（祛）除皱纹，平皱，修复断裂弹性（力）纤维。

（五）止脱。

（六）更新肌肤，迅速修复受紫外线伤害的肌肤，采用新型着色机理，永不褪色，破坏黑色素细胞，阻断（阻碍）黑色素的形成。

（七）丰胸，丰乳，乳房丰满，预防乳房松弛下垂（美乳、健美类化妆品除外）。

（八）改善（促进）睡眠，助眠等。

三、谨慎使用的刺激消费用语

（一）严禁使用借国家、国家机关工作人员来宣传的用语，比如“国家XX领导人推荐”“国家XX机关推荐”“国家XX机关专供”等。

（二）严禁使用“老字号”“中国驰名商标”“特供”“专供”等词语（但唯品会专供等语除外）。

（三）严禁使用宣称质量无需检测的用语，比如“质量免检”“无需国家质量检测”“免抽检”等。

（四）严禁使用人民币图样（央行批准的除外）。

（五）严禁使用疑似引导和欺骗消费者的词语，例如“点击获取”“点击有惊喜”“点击试穿”“领取奖品”“非转基因更安全”“恭喜获奖”“全民免单”等。

（六）严禁使用激发消费者抢购心理的词语，如“秒杀”“抢爆”“万人疯抢”“抢疯了”“错过就没机会了”“再不抢就没了”“不会再便宜了”等词语。